P. Laksh

CW00549592

Uno studio sull'autoefficacia degli insegnanti della scuola secondaria

ScienciaScripts

Cover image: www.ingimage.com

This book is a translation from the original published under ISBN 978-3-330-08479-7.

Publisher:
Sciencia Scripts
is a trademark of
Dodo Books Indian Ocean Ltd. and OmniScriptum S.R.L publishing group

120 High Road, East Finchley, London, N2 9ED, United Kingdom
Str. Armeneasca 28/1, office 1, Chisinau MD-2012, Republic of Moldova, Europe

ISBN: 978-620-7-30799-9

CONTENUTI

CAPITOLO 1
1.1 INTRODUZIONE

L'autoefficacia è un sistema di credenze che indica la convinzione della persona di portare a termine un compito piuttosto che la capacità effettiva di portare a termine quel particolare compito. Il concetto di autoefficacia è stato proposto da Albert Bandura sulla base della premessa che gli individui creano e sviluppano una percezione di capacità che diventa strumentale agli obiettivi che perseguono e al controllo che esercitano sul loro ambiente. Inoltre Bandhura (1986) ha proposto una visione del funzionamento alimentare umano che pone l'accento sul ruolo delle credenze auto-referenziali.

Nella prospettiva sociocognitiva, gli individui sono visti come produttivi e autoregolati piuttosto che come reattivi e controllati da forze biologiche o ambientali. Anche in questa prospettiva, si ritiene che gli individui possiedano convinzioni personali che consentono loro di esercitare un certo controllo sui propri pensieri, sentimenti e azioni. In definitiva, Bandura ha dipinto un ritratto del comportamento e della motivazione umana in cui le convinzioni che le persone hanno sulle loro capacità possono spesso essere meglio predette dalle convinzioni che hanno sulle loro capacità, che ha chiamato convinzioni di autoefficacia, piuttosto che da ciò che sono effettivamente in grado di realizzare, perché queste autopercezioni aiutano a determinare ciò che gli individui fanno con le conoscenze e le abilità che hanno.

Ha anche detto che l'autoefficacia ha molto in comune con la motivazione alla padronanza e la motivazione intrinseca.

Secondo la teoria cognitiva sociale di Bandura, le convinzioni di autoefficacia influenzano le scelte e le linee d'azione delle persone. Gli individui tendono a impegnarsi in compiti in cui si sentono competenti e sicuri di sé e a evitare quelli in cui non lo sono. Le convinzioni di efficacia contribuiscono anche a determinare l'impegno che le persone dedicheranno a un'attività, la durata della perseveranza di fronte agli ostacoli e la capacità di resistenza di fronte alle situazioni avverse (Suchunk, 1981, Schunk & Cox , 1987).

Più alto è il senso di efficacia, maggiore è lo sforzo, la persistenza e la resilienza. Le convinzioni di efficacia influenzano la quantità di stress e di ansia che gli individui sperimentano mentre si impegnano in un'attività (Pajares & Miller, 1994). Di conseguenza, le convinzioni di autoefficacia esercitano una forte influenza sul livello di realizzazione che gli individui finiscono per ottenere.

Un forte senso di efficacia accresce la realizzazione umana e il coinvolgimento profondo nelle attività, le pone come obiettivi sfidanti e mantiene un forte impegno nei loro confronti, e accresce e sostiene gli sforzi di fronte al fallimento. Recuperano più rapidamente la fiducia in se stessi dopo gli insuccessi o le battute d'arresto e attribuiscono i fallimenti a sforzi insufficienti o a conoscenze e abilità carenti che sono acquisibili. Un'elevata autoefficacia contribuisce a creare sentimenti di serenità nell'affrontare compiti e attività difficili. Al contrario, le persone che dubitano delle proprie capacità possono credere che le cose siano più difficili di quanto non siano in realtà, una convinzione che favorisce. Stress, depressione e una visione ristretta del modo migliore per risolvere un problema. Non sorprende che la fiducia nelle proprie capacità scolastiche sia una componente critica del successo scolastico.

Al contrario, le persone che dubitano delle proprie capacità si sottraggono a compiti difficili che vedono come minacce personali. Hanno basse aspirazioni e un impegno debole verso gli obiettivi che scelgono di perseguire. Quando si trovano di fronte a compiti difficili, si soffermano sulle loro carenze personali, sugli ostacoli che probabilmente incontreranno e su tutti i tipi di esiti negativi, piuttosto che concentrarsi su come raggiungere le proprie prestazioni, in quanto non è necessario un grande fallimento per perdere la fiducia nelle proprie capacità e cadere facilmente vittima di stress e depressione.

Un insegnante ha un grande impatto sulla qualità dell'apprendimento degli studenti. Gli insegnanti con bassa autoefficacia spesso si perdono nei problemi della classe. Gli insegnanti con bassa autoefficacia non hanno fiducia nella loro capacità di gestire le classi, sono stressati e arrabbiati per la capacità degli studenti di migliorare, hanno una visione custodiale del loro lavoro, spesso fanno riferimento a metodi di disciplina restrittivi e punitivi e dicono che se dovessero rifare tutto da capo non sceglierebbero l'insegnamento come professione (Mebly, 1995). Gli insegnanti con un'elevata autoefficacia sono legati ai buoni risultati dei loro studenti e tendono a considerare gli studenti difficili come raggiungibili e insegnabili. Gli insegnanti con un basso livello di autoefficacia considerano i problemi di apprendimento come superabili, mentre gli insegnanti con un basso livello di autoefficacia sono propensi a dire che gli studenti con scarse capacità non possono essere trasformati correttamente.

L'autoefficacia è la convinzione di avere il potere di produrre un effetto. L'efficacia dell'insegnante è stata definita come la misura in cui l'insegnante ritiene di avere la capacità di influenzare il rendimento degli studenti.

1.2 SIGNIFICATO E DEFINIZIONE DI AUTOEFFICACIA

L'autoefficacia percepita è definita come la convinzione delle persone sulle loro capacità di produrre determinati livelli di prestazioni che esercitano un'influenza sugli eventi che riguardano la loro vita. Le convinzioni sull'autoefficacia determinano il modo in cui le persone si sentono, pensano, si motivano e si comportano. Esse comprendono processi cognitivi, motivazionali, affettivi e di selezione.

"Il giudizio di un individuo sulle proprie capacità di compiere determinate azioni" (Schunk, 1991, p. 207). "Le convinzioni sulla propria capacità di organizzare ed eseguire le linee d'azione necessarie per gestire situazioni prospettiche" (Bandura, 1997, p. 2).

1.3 FONTI DI AUTOEFFICACIA

Le convinzioni delle persone sulla propria efficacia possono essere sviluppate da quattro principali fonti di influenza.

1)　　Il modo più efficace per creare un forte senso di efficacia è l'esperienza di padronanza I successi costruiscono una solida convinzione della propria efficacia personale. Gli insuccessi la minano, soprattutto se si verificano prima che il senso di efficacia sia ben radicato. Un senso di efficacia resistente richiede esperienza nel superare gli ostacoli attraverso uno sforzo perseverante.

2)　　Il secondo modo per creare e rafforzare le proprie convinzioni di efficacia è attraverso le esperienze vicarie fornite dai modelli sociali. Vedere persone simili a noi che hanno successo grazie a uno sforzo prolungato fa crescere negli osservatori la convinzione di possedere anche loro le capacità di padroneggiare attività simili per avere successo.

3)　　Le influenze dei modelli non si limitano a fornire uno standard sociale rispetto al quale giudicare le proprie capacità conquistate. Le persone cercano di migliorare il proprio comportamento e i modi di pensare espressi, non i modelli trasmettono conoscenze e insegnano agli osservatori abilità e strategie efficaci per gestire le richieste dell'ambiente. L'acquisizione di mezzi migliori aumenta l'autoefficacia percepita.

4)　　La persuasione sociale è un terzo modo per rafforzare la convinzione delle persone di avere le carte in regola per avere successo. Le persone che vengono convinte verbalmente di possedere le capacità per padroneggiare una determinata attività, è probabile che mobilitino uno sforzo maggiore e lo mantengano rispetto a chi nutre dubbi su se stesso e si sofferma sulle proprie carenze personali quando si presentano i problemi. Nella misura in cui le spinte persuasive sull'autoefficacia percepita portano le persone all'efficacia personale.

5)　　I costruttori di efficacia di successo non si limitano a trasmettere valutazioni positive. Oltre ad aumentare la convinzione delle persone sulle proprie capacità. Strutturano le situazioni in modo che portino al successo ed evitano di collocare prematuramente le persone in situazioni in cui è probabile che falliscano spesso. Misurano il successo in termini di automiglioramento piuttosto che di trionfi sugli altri.

6)   Il quarto modo per modificare le convinzioni di efficacia del Sé consiste nel ridurre le

reazioni di stress delle persone e nell'alterare le loro tendenze emotive negative e

l'interpretazione dei loro stati fisici.

7)   Non è importante la pura intensità delle reazioni emotive e fisiche, ma piuttosto il

modo in cui vengono percepite e interpretate. Le persone che hanno un alto senso di efficacia

probabilmente considerano il loro stato di eccitazione affettiva come un facilitatore di

prestazioni, mentre coloro che sono afflitti da dubbi su se stessi considerano la loro

eccitazione come un fattore deliberante. Gli indicatori fisiologici dell'efficacia svolgono un

ruolo particolarmente influente nel funzionamento della salute e nelle attività atletiche e

fisiche.

8)   Componenti dell'autoefficacia Le quattro principali componenti psicologiche

attraverso le quali le convinzioni di autoefficacia influiscono sul funzionamento umano sono:

1. Cognitiva, 2. Motivazione, 3. Processo affettivo, 4. Processo di selezione. Cognitiva, 2.

Motivazione, 3. Processo affettivo, 4. Processo di selezione, i cui dettagli sono illustrati di

seguito.

1.4 PROCESSI COGNITIVI

Gli effetti delle convinzioni di autoefficacia sui processi cognitivi assumono una varietà di

forme; gran parte del comportamento umano, in quanto intenzionale, è regolato da un pensiero

anticipato che incarna obiettivi di valore. La definizione degli obiettivi personali è influenzata

dalla valutazione delle proprie capacità. Più forte è l'autoefficacia percepita. Più alti sono gli

obiettivi che le persone si pongono e maggiore è il loro impegno nei loro confronti.

La maggior parte dei corsi d'azione sono inizialmente organizzati in base al pensiero. Le

convinzioni delle persone sulla loro efficacia modellano i tipi di scenari anticipatori che costruiscono e provano. Chi ha un alto senso di efficacia, visualizza scenari di successo che forniscono una guida positiva e un supporto per la performance. Coloro che dubitano della propria efficacia visualizzano scenari di fallimento e si soffermano sulle possibili cose che possono andare storte. È difficile ottenere grandi risultati lottando contro il dubbio di sé. Una funzione importante del pensiero è quella di consentire alle persone di prevedere gli eventi e di sviluppare modi per controllare quelli che influenzano la loro vita. Queste abilità richiedono un'efficace elaborazione cognitiva di informazioni che contengono molte ambiguità e incertezze. Nell'apprendimento di regole produttive e regolative, le persone devono attingere alle loro conoscenze per costruire pozioni, per soppesare e integrare i fattori predittivi, per testare e rivedere i loro giudizi rispetto ai risultati immediati e distali delle loro azioni e per ricordare quali fattori avevano testato e quanto bene avevano funzionato.

1.5 PROCESSI MOTIVAZIONALI

Le convinzioni di efficacia giocano un ruolo fondamentale nell'autoregolazione della motivazione. La maggior parte della motivazione umana è generata cognitivamente. Le persone si motivano e guidano le loro azioni in modo anticipato attraverso l'esercizio del pensiero. Formano convinzioni su ciò che possono fare. Anticipano i probabili risultati delle azioni future. Stabiliscono obiettivi per se stessi e pianificano corsi d'azione volti a realizzare futuri di valore. Si tratta di tre diverse forme di motivazioni cognitive, che si traducono in futuri apprezzati. Si tratta di tre diverse forme di motivazioni cognitive attorno alle quali sono state costruite diverse teorie. Esse comprendono l'attribuzione causale, le aspettative di risultato e gli obiettivi riconosciuti. Le teorie corrispondenti sono rispettivamente la teoria dell'attribuzione, la teoria del valore e la teoria degli obiettivi. Le convinzioni di autoefficacia operano in ciascuno di questi tipi di motivazione cognitiva. Le convinzioni di autoefficacia influenzano le attribuzioni causali. Le persone che si considerano altamente efficaci attribuiscono i loro insuccessi a uno sforzo insufficiente, mentre quelle che si considerano inefficaci attribuiscono i loro insuccessi a una scarsa capacità. L'attribuzione causale influenza la motivazione, il rendimento e la reazione affettiva principalmente attraverso le convinzioni di autoefficacia.

1.6 PROCESSI AFFETTIVI

Le convinzioni delle persone sulle loro capacità di coping influenzano la quantità di stress e depressione che sperimentano in situazioni minacciose o difficili, nonché il loro livello di motivazione.

L'autoefficacia percepita nell'esercitare il controllo sul fattore di stress gioca un ruolo centrale nell'eccitazione dell'ansia. Le persone che credono di poter esercitare un controllo sulle minacce non evocano schemi di pensiero distributivi. Chi invece crede di non essere in grado di gestire le minacce, sperimenta un'elevata eccitazione ansiosa. Si soffermano sulle loro carenze di coping e considerano molti aspetti del loro ambiente come carichi di pericolo. Ingigantiscono la gravità delle possibili minacce e si preoccupano di cose che accadono raramente. Attraverso questi pensieri inefficaci, si angosciano e compromettono il loro livello di funzionamento. L'autoefficacia percepita nel coping regola il comportamento di evitamento e l'eccitazione ansiosa. Quanto più forte è il senso di autoefficacia, tanto più audaci sono le persone nell'affrontare attività impegnative e minacciose.

1.7 PROCESSI DI SELEZIONE

Finora la discussione si è incentrata sull'efficacia, ovvero sui processi attivati che consentono alle persone di creare un ambiente favorevole e di esercitare un certo controllo su coloro che incontrano giorno per giorno.

Le persone sono in parte il prodotto del loro ambiente. Pertanto, le convinzioni sull'efficacia personale possono dare forma al corso della vita, influenzando i tipi di attività e di situazioni che ritengono superiori alle loro capacità di coping. Tuttavia, le persone intraprendono prontamente attività impegnative e selezionano situazioni che ritengono di essere in grado di gestire. Con le scelte che fanno, le persone coltivano diverse competenze, interessi e reti sociali che determinano il corso della vita. Qualsiasi fattore che influenza il comportamento delle scelte può incidere profondamente sulla direzione dello sviluppo personale. Questo perché le influenze sociali, i valori e gli interessi si manifestano molto tempo dopo che il fattore decisionale efficace ha prodotto il suo effetto inaugurale.

La scelta e lo sviluppo della carriera sono solo un esempio del potere delle convinzioni di autoefficacia di influenzare il corso della vita attraverso processi di scelta. Quanto più alto è il livello di autoefficacia percepita dalle persone, tanto più ampia è la gamma di opzioni di carriera che prendono seriamente in considerazione, tanto maggiore è il loro interesse per esse, tanto meglio si preparano dal punto di vista educativo per le attività lavorative che scelgono e tanto maggiore è il loro successo. Le professioni strutturano una buona parte della vita delle persone e costituiscono un'importante fonte di crescita personale.

1.8 AUTOEFFICACIA DELL'INSEGNANTE

L'efficacia dell'insegnante è stata definita come "la misura in cui l'insegnante ritiene di avere la capacità di influire sul rendimento degli studenti" (Berman, et. AI, 1977, p. 137) o come "la convinzione dell'insegnante di poter influenzare il livello di apprendimento degli studenti, anche di quelli che possono essere difficili o demotivati" (Guskey passaro, 1994, p. 4).

L'efficacia dell'insegnante è la convinzione che l'insegnante sia in grado di organizzare ed eseguire le azioni necessarie per portare a termine con successo uno specifico compito didattico in un particolare contesto.

È stato dimostrato che il senso di efficacia dell'insegnante è un potente costrutto legato ai risultati degli studenti, come i risultati (Armor, et. AI, 1979; Ashton e Webb, 1986; Moore ed

Esselman, 1992; Ross, 1992), la motivazione (Midgly, Feldtaufer ed Eccles, 1989) e il senso di efficacia (Anderson, Areene e Loewen, 1988). È stata anche correlata al comportamento dell'insegnante in classe. Se influisce sull'impegno che mettono nell'insegnamento, sugli obiettivi che si prefiggono e sul loro livello di aspirazione.

Gli insegnanti con un forte senso di efficacia sono aperti a nuove idee e più disposti a sperimentare nuovi metodi per soddisfare meglio i bisogni dei loro studenti (Berman et. AI, 1977; Gudkry, 1988; Stein e Wang, 1988) e tendono a mostrare maggiori livelli di pianificazione e organizzazione (Allinder, 1994). L'efficacia influenza la persistenza degli insegnanti quando le cose non vanno bene e la loro resilienza di fronte agli insuccessi. Una maggiore efficacia consente agli insegnanti di essere meno critici nei confronti degli studenti in difficoltà (Gibson e Bembo, 1984) e di essere meno inclini a indirizzare uno studente difficile all'educazione speciale (Meijer e Foster, 1988; Podell e Soodak, 1993; Soodal e Podell, 1993). Gli insegnanti con un maggiore senso di efficacia mostrano un maggiore entusiasmo per l'insegnamento (Allinder, 1986; Trenching, et. AI, 1985). A livello scolastico, una maggiore efficacia degli insegnanti è correlata alla salute del clima organizzativo (Hoy e Wool folk, 1993) e a un'atmosfera scolastica ordinata e positiva, a un maggiore processo decisionale in classe (Moore e Esselman, 1992) e alla forza dell'efficacia collettiva (Fuller e Izu, 1986; Newmann Rutter e Smith, 1989).

La convinzione di efficacia personale degli insegnanti influisce sulle loro attività didattiche e sul loro orientamento verso il processo educativo. Il senso di efficacia degli insegnanti è legato alle loro convinzioni sul controllo degli studenti. Gli insegnanti con un basso senso di efficacia tendono a mantenere un orientamento custodiale che assume una visione pessimistica della motivazione degli studenti, enfatizza il rigido controllo del comportamento in classe e si affida a incentivi estrinseci e sanzioni negative per far studiare gli studenti (Wool folk e Hoy, 1990, Wool folk, Rosoff e Hoy, 1990). Il possibile impatto dell'autoefficacia dell'insegnante è visto sull'autoregolazione degli studenti, sull'interesse per le materie, sull'orientamento al futuro, sugli obiettivi e sull'assunzione di rischi (Anita Wool folk Hoy e Heather A. Davis, 2006).

Ashton e Webb (1996) hanno dimostrato che gli studenti imparano molto di più da insegnanti che si sentono efficaci nel gestire le richieste educative che da quelli afflitti da dubbi personali. Gli insegnanti con un'elevata efficacia creano esperienze di padronanza per i loro studenti, mentre quelli con una bassa efficacia didattica minano lo sviluppo cognitivo degli studenti e la loro valutazione delle proprie capacità (Gibson e Dembo, 1984).

j Anche l'efficacia dell'insegnante gioca un ruolo nel formare l'atteggiamento degli studenti nei confronti della scuola, della materia insegnata e persino dell'insegnante. Quanto più forte è l'efficacia didattica generale di un insegnante, tanto maggiore è l'interesse degli studenti per la scuola e quanto più gli studenti percepiscono che ciò che stanno imparando è importante.

L'efficacia degli insegnanti è correlata al loro comportamento in classe, alla loro apertura a nuove idee e al loro atteggiamento nei confronti dell'insegnamento. L'efficacia degli insegnanti sembra influenzare i risultati, l'atteggiamento e la crescita affettiva degli studenti.

Le variabili contestuali, come la struttura scolastica e il clima organizzativo, possono avere un ruolo nel plasmare il senso di efficacia degli insegnanti (Gibson e Dembo, 1984).

Gli insegnanti non sono ugualmente efficaci in tutte le situazioni di insegnamento.

L'efficacia degli insegnanti è specifica del contesto. Gli insegnanti si sentono efficaci nell'insegnare particolari materie a determinati studenti in contesti specifici e ci si può aspettare che si sentano più o meno efficaci in circostanze diverse. In una delle sue interviste, Anita Wool folk Hoy riferisce che gli insegnanti devono essere dei ricercatori, in quanto si sforzano di capire i loro studenti e gli effetti dell'insegnamento. Gli insegnanti sono etnografi quando entrano nel mondo dei loro studenti e studiano la vita nelle loro classi. Sono sperimentatori quando provano un approccio diverso all'unità sulle frazioni e annotano attentamente i risultati in termini di apprendimento degli studenti e non solo di sensazione della lezione.

Gli insegnanti con un'elevata autoefficacia tendono a considerare gli studenti difficili come raggiungibili e insegnabili. Considerano i problemi di apprendimento come superabili con uno sforzo supplementare e strategie ingegnose per aiutare gli studenti in difficoltà. Pertanto, l'autoefficacia dell'insegnante ha un grande impatto sulla qualità degli studenti in classe. Gli insegnanti con scarsa autoefficacia spesso si impantanano nei problemi della classe. Gli insegnanti con scarsa autoefficacia non hanno fiducia nella loro capacità di gestire le classi, sono stressati e arrabbiati per il comportamento scorretto degli studenti, sono pessimisti sulla loro capacità di migliorare, hanno una visione custodiale del loro gruppo, spesso riferiscono di ricorrere a modalità di disciplina restrittive e punitive e dicono che, se dovessero rifare tutto da capo, non sceglierebbero mai l'insegnamento come professione (Melby, 1995). Inoltre, gli insegnanti con scarsa autoefficacia sono propensi a dire che le scarse capacità degli studenti sono la ragione per cui questi ultimi non imparano.

1.9 SIGNIFICATO DELLO STUDIO

Le convinzioni di efficacia personale degli insegnanti influenzano il loro processo di insegnamento. Il senso di efficacia degli insegnanti è legato alle loro convinzioni sul controllo degli studenti. Gli insegnanti con un basso senso di efficacia tendono a mantenere un orientamento custodiale che ha una visione pessimistica della motivazione degli studenti, enfatizza il controllo rigido del comportamento in classe e fa leva su incentivi estrinseci e sanzioni negative per far studiare gli studenti (Wool folk& Hoy, 1990, wool folk, Rosoff & Hoy, 1990). Hoy, 1990) Gli insegnanti con un'elevata efficacia creano esperienze di padronanza per i loro studenti, mentre gli insegnanti con una bassa efficacia didattica minano lo sviluppo cognitivo degli studenti e il loro giudizio sulle proprie capacità (Gibso& Damson 1984, John & Ross Miller, 1987). L'efficacia degli insegnanti predice anche il giudizio degli studenti sulle proprie capacità (Gibso& Damson 1984, John & Miller, 1987). L'efficacia degli insegnanti predice anche i risultati degli studenti e le loro convinzioni sui risultati in varie aree e livelli (Ashton & Webb, 1986, Midgley, Feldlaufer, &Eccles, 1989). È necessario scoprire ulteriori correlati dell'efficacia degli insegnanti e capire come queste convinzioni influenzino le variabili dei risultati educativi, come le pratiche didattiche o le convinzioni e i risultati degli studenti.

In molti studi, il senso di efficacia degli insegnanti è stato valutato principalmente con due fattori: il senso di efficacia personale nell'insegnamento e il senso di efficacia nell'insegnamento (Ashton & Webb, 1986; Gibson & Demo, 1984). Il primo si riferisce alla valutazione individuale della propria competenza di insegnante; il secondo si riferisce alle aspettative degli insegnanti che l'insegnamento possa influenzare l'apprendimento degli studenti. Guskey e Passaro (1194) hanno riferito che questi due fattori non corrispondono a un orientamento personale contro un orientamento generale all'efficacia dell'insegnamento, ma piuttosto a una distinzione interna contro una esterna, simile alle misure di attribuzione del locus of control. Se così fosse, sarebbe istruttivo confrontare il punteggio composito di questi giudizi su questioni disparate come la gestione dell'aula e l'influenza del background familiare sull'apprendimento degli studenti e poi confrontare il punteggio composito di questi giudizi con risultati come gli indici di rendimento degli studenti o le diverse pratiche di insegnamento. Se le avvertenze di Bandura (1986) sulla corrispondenza delle convinzioni sono insensibili al contesto e possono minimizzare l'effettiva influenza delle convinzioni degli insegnanti sulle pratiche didattiche o sui risultati degli studenti. In linea con queste linee guida, i ricercatori in questo settore dovrebbero sforzarsi di valutare le convinzioni degli insegnanti che corrispondono ai criteri di interesse, piuttosto che valutare tali convinzioni con una misura generalizzata e poi fare il collegamento con questa valutazione a pratiche o risultati specifici.

L'efficacia degli insegnanti è diventata un costrutto importante nella formazione degli insegnanti e gli educatori degli insegnanti dovrebbero continuare a esplorare come si sviluppa l'efficacia degli insegnanti, quali fattori contribuiscono a un'efficacia dell'insegnamento forte e positiva in vari ambiti e come i programmi di formazione degli insegnanti possono aiutare gli insegnanti in servizio a sviluppare un'elevata efficacia degli insegnanti. Le convinzioni agiscono come un filtro attraverso il quale vengono interpretati i nuovi fenomeni e mediati i comportamenti successivi, ma le informazioni possono essere filtrate in modo tale che convinzioni simili possono avere esiti diversi. Ad esempio, un'elevata efficacia degli insegnanti può promuovere o inibire il cambiamento concettuale (Guskey, 1986, 1989). In altre parole, gli insegnanti molto fiduciosi nell'insegnamento possono anche essere abbastanza fiduciosi in se stessi da tentare un cambiamento concettuale. Dovrebbe essere interessante scoprire in che modo gli insegnanti creano il collegamento tra convinzioni e azioni e in quali condizioni un'efficacia simile dell'insegnante può portare a prestazioni diverse. Inoltre, se le convinzioni e le convinzioni di efficacia sono fondamentali per il processo di insegnamento, come si può renderle un obiettivo esplicito dei programmi di formazione degli insegnanti e a quale scopo? Per questo motivo, il ricercatore ha portato avanti lo studio.

1.10 CURRICULUM DEI CAPITOLI SUCCESSIVI
Capitolo II
Tratta una breve rassegna dei lavori di ricerca svolti in questo campo.

Capitolo-III

Fornisce un resoconto della dichiarazione del problema, delle ipotesi e delle variabili.

Capitolo IV

Fornisce un resoconto sui metodi di indagine e sullo sviluppo dello strumento. Modulo preliminare, aree problematiche, validità e affidabilità dello strumento, data personale, disegno del campione d'indagine, caratteristiche del campione, somministrazione, punteggio e una breve descrizione dell'analisi dei dati.

Capitolo V

Si occupa del trattamento della data.

Capitolo VI

Presenta il riassunto e le conclusioni dello studio con un'analisi didattica.

Implicazioni e suggerimenti per ulteriori ricerche.

CAPITOLO 2
RASSEGNA DELLA LETTERATURA CORRELATA

2.1 NECESSITÀ E IMPORTANZA DELLA REVISIONE DELLA LETTERATURA CORRELATA

La revisione della letteratura correlata approfondisce la comprensione e costruisce idee e intuizioni per una migliore prospettiva e quindi è un aspetto essenziale della ricerca. La disponibilità e l'utilizzo di fonti adeguate relative al presente studio, che guidano e indirizzano la ricerca a raccogliere materiale utile ai fini dello studio.

Un breve riassunto delle ricerche precedenti e gli scritti di esperti riconosciuti rendono la ricerca familiare con ciò che è già noto e ciò che è ancora sconosciuto e comprensibile. In questo modo si elimina la duplicazione del lavoro da svolgere.

In questo capitolo, il ricercatore ha presentato una rassegna delle ricerche correlate, poiché un ricercatore ha bisogno di una conoscenza approfondita dei risultati dei ricercatori precedenti per avere una base solida e spiegare i fenomeni in modo più dettagliato. Inoltre, lo studio deve procedere con un quadro teorico di riferimento, in modo che l'indagine si svolga sul binario giusto. Questo quadro teorico è suggerito dallo studio di indagini correlate. Le indagini correlate rendono più chiaro il problema e conferiscono profondità all'indagine. L'indagine della letteratura relativa a indagini precedenti è importante perché aiuta a progettare il proprio studio e a scegliere il tipo di strumenti più adatto. Inoltre, facilita il confronto dei risultati del proprio studio con quelli delle indagini precedenti. Da questo punto di vista, lo studio della letteratura correlata è una guida per il ricercatore.

2.2 RECENSIONI PRECEDENTI

Collins, J.L. (1982) ha studiato l'aspetto "Autoefficacia e abilità nel comportamento di realizzazione". Collins ha identificato bambini con abilità matematiche basse, medie e alte che avevano, all'interno di ciascun livello di abilità, un'autoefficacia più alta o più bassa. Dopo l'istruzione, ai bambini sono stati dati nuovi problemi da risolvere e l'opportunità di rielaborare quelli mancati. Collins ha riferito che l'abilità era correlata alle prestazioni ma che, indipendentemente dal livello di abilità, i bambini con un'elevata autoefficacia completavano più problemi correttamente e rielaboravano più problemi mancati. Quando i ricercatori hanno testato il contributo congiunto dell'autoefficacia matematica e dell'abilità mentale generale al rendimento matematico, le convinzioni di autoefficacia hanno dato un contributo potente e indipendente alla previsione del rendimento.

Relish, J.D., Debus, R.L., & Walker, R. (1986) hanno condotto un'indagine sul "ruolo di mediazione delle variabili di attribuzione e di autoefficacia per gli effetti del trattamento sui risultati". Questo studio ha riportato che l'autoefficacia ha mediato il ruolo del feedback di attribuzione dell'addestramento alle abilità e ha avuto un effetto diretto sul rendimento e un effetto indiretto più forte mediato dall'autoefficacia.

Pintrich, p,r,.& De Groot, E.V. (1990) hanno condotto una ricerca sull'aspetto delle "componenti di apprendimento motivazionali e di autoregolazione del rendimento scolastico in classe". "Questo studio ha evidenziato una correlazione tra l'autoefficacia accademica e l'uso di strategie cognitive e l'autoregolazione attraverso l'uso di strategie meta cognitive. L'autoefficacia accademica è stata anche controllata con i voti del semestre e dell'ultimo anno, con i compiti in classe e a casa, con gli esami e i quiz, con i saggi e le relazioni. Essi hanno concluso che l'autoefficacia svolge un ruolo "facilitativo" nel processo di impegno cognitivo, che l'aumento delle convinzioni di autoefficacia può portare a un maggiore uso di strategie cognitive e, di conseguenza, a prestazioni più elevate, e che "gli studenti devono avere sia "bene" che "abilità" per avere successo in classe" Bouffard-Bouchard, T, Parent, Larivee, S. (1991) hanno studiato l'aspetto dell'"influenza dell'autoefficacia sull'autoregolazione e sulle prestazioni tra gli studenti delle scuole medie e superiori". "Questo studio ha rilevato che gli studenti con un'elevata autoefficacia migliorano anche le prestazioni degli studenti in termini di memoria, aumentando la persistenza. In studi su studenti universitari che perseguono e hanno dimostrato di influenzare la persistenza accademica.

Sucunk, D.H. (1991) ha condotto uno studio su "autoefficacia e motivazione accademica". Questo studio ha rivelato che l'autoefficacia influenza la scelta delle attività da parte degli studenti che hanno una bassa autoefficacia nell'apprendimento, i quali potrebbero evitare molti compiti di apprendimento, soprattutto quelli che richiedono un impegno.

Gli studenti con un'alta autoefficacia sono più propensi a dedicarsi con impegno a un compito di apprendimento, soprattutto se impegnativo. Mentre gli studenti con un'alta autoefficacia si avvicinano con entusiasmo a questi compiti di apprendimento, gli studenti con un'alta autoefficacia sono più propensi a perseguire con impegno un compito di apprendimento rispetto a uno studente con bassa autoefficacia.

Bandura. A (1993) ha affermato che "l'autoefficacia percepita nello sviluppo e nel funzionamento cognitivo".

In questo studio è stato riportato che l'efficacia collettiva ha mediato l'influenza dello status socioeconomico degli studenti, dei risultati scolastici precedenti e della longevità degli insegnanti sui risultati scolastici degli studenti di varie scuole medie.

Vi sono inoltre prove che suggeriscono che l'efficacia collettiva degli insegnanti è correlata all'efficacia didattica personale e alla soddisfazione nei confronti dell'amministrazione scolastica.

Bandura, A. (1993) ha condotto una ricerca sull'"autoefficacia percepita nello sviluppo e nel funzionamento cognitivo". Da questo studio è emerso che l'efficacia collettiva media l'influenza dello status socioeconomico degli studenti. I risultati scolastici precedenti e la longevità degli insegnanti sui risultati scolastici degli studenti in diverse scuole medie. Vi sono inoltre prove che suggeriscono che l'efficacia collettiva degli insegnanti è correlata all'efficacia didattica personale e alla soddisfazione nei confronti dell'amministrazione scolastica.

Pajares, F. & Miler, M.D. (1994) hanno condotto un'indagine sul "ruolo dell'autoefficacia e delle convinzioni relative al concetto di sé nella risoluzione di problemi matematici". Secondo questo studio, l'autoefficacia matematica ha avuto effetti diretti più forti sulla risoluzione dei problemi matematici (=544) rispetto al concetto di sé, all'utilità percepita e all'esperienza precedente. L'autoefficacia ha mediato gli effetti del sesso e dell'esperienza precedente sul concetto di sé, sull'utilità percepita e sulle prestazioni di problem solving. Pintrich, p.r., &Schunk, D.H.(1995) Hanno condotto una ricerca sull'aspetto della "Motivazione nell'educazione: teoria, ricerca e applicazioni". "Questo studio si è concentrato su tre aree. I ricercatori della prima area hanno esplorato il legame tra le convinzioni di efficacia e la matematica (Lent & Hackett, 1987, per una rassegna). Questa linea di ricerca ha importanti implicazioni per la teoria e la pratica del counseling e della psicologia professionale, dato che i risultati hanno fornito informazioni sullo sviluppo della carriera di giovani uomini e donne e possono essere utilizzati per sviluppare strategie di indagine sulla carriera.

I risultati della seconda area suggeriscono che le convinzioni di efficacia degli insegnanti sono correlate alle loro pratiche didattiche e a vari risultati degli studenti (Ashton&Webb, 1986). Nella terza area, i ricercatori hanno riportato che le convinzioni di autoefficacia degli studenti sono correlate con altri costrutti di motivazione e con il rendimento scolastico e i risultati degli studenti. I costrutti di questi studi includono le attribuzioni, la definizione degli obiettivi, il modeling, il problem solving, l'ansia da test e da dominio specifico, le contingenze di ricompensa, l'autoregolazione, i confronti sociali, l'addestramento alle strategie, altri costrutti di autostima e di aspettativa e prestazioni accademiche diverse tra i vari domini.

Pajares, f, Johnson, M.J.(996) hanno condotto una ricerca sulla "autoefficacia nel writhing degli studenti delle scuole superiori: una path analysis". Questo studio ha rivelato che l'autoefficacia degli studenti ispanici delle scuole superiori era superiore a quella degli studenti bianchi non ispanici; in ogni caso, nonostante le differenze di autoefficacia, gli studenti delle minoranze hanno riferito che l'autoefficacia matematica positiva svolge funzioni diverse per gli studenti delle minoranze (Edelin & porio- 1995).

Bandura, A. (1997) ha condotto uno studio sull'"autoefficacia: l'esercizio del controllo".

Ralf Schwarzer, Gerdamarie, S.Schimitz, 1982 hanno studiato l'autoefficacia percepita e il bum out degli insegnanti. Alcuni insegnanti riescono a essere buoni insegnanti, a migliorare continuamente i risultati degli studenti, a porsi obiettivi elevati e a perseguirli con costanza, mentre altri non riescono a soddisfare le aspettative imposte loro e tendono a crollare sotto il peso di ogni stress. Una delle ragioni risiede nell'autoefficacia percepita dagli insegnanti come una disposizione della personalità specifica per il lavoro. Le scale progettate per misurare l'autoefficacia individuale e collettiva degli insegnanti hanno dimostrato che questi ultimi sacrificano più tempo libero per i loro studenti rispetto alle loro controparti meno efficaci. Lo sviluppo del burnout lavorativo può essere ben previsto dall'autoefficacia nel tempo e sembra essere la spiegazione più plausibile.

Albert Bandura (1993) ha scoperto che l'autoefficacia percepita contribuisce allo sviluppo e al funzionamento cognitivo: l'autoefficacia percepita esercita la sua influenza attraverso 4 processi principali. Questi includono il processo cognitivo, motivazionale, effettivo e di selezione. Esistono tre diversi livelli in cui l'autoefficacia percepita opera come un importante contributo allo sviluppo accademico. La convinzione degli studenti di essere in grado di regolare il proprio apprendimento e di padroneggiare gli studi determina le loro aspirazioni, il livello di motivazione e i risultati accademici. Le convinzioni degli insegnanti sulla loro efficacia personale nel motivare e promuovere l'apprendimento influiscono sul tipo di ambiente di apprendimento e sul livello di progresso accademico raggiunto dai loro studenti.

Le convinzioni dei docenti sulla loro efficacia didattica collettiva contribuiscono in modo significativo al livello di risultati accademici delle loro scuole. Le caratteristiche corporee degli studenti influenzano il livello scolastico.

I risultati scolastici possono essere ottenuti più modificando le convinzioni delle strutture sulla loro efficacia collettiva che attraverso effetti diretti sui risultati scolastici.

Nel loro studio, Sud, Anup e Prabha, Indu (1994) su "Ansia da test e rendimento accademico: efficacia delle terapie cognitive/di rilassamento", hanno riscontrato che solo il No training si è rivelato efficace nel caso della misura dell'ansia da test di stato e del rendimento accademico.

Nel loro studio, Sud, Anup e Prabha, Indu (1994) su "Ansia da test e rendimento accademico: efficacia delle terapie cognitive/di rilassamento", hanno riscontrato che solo il No training si è rivelato efficace nel caso della misura dell'ansia da test di stato e del rendimento accademico.

Theodore Coladarci, William A. Breton (1997) hanno esaminato la relazione tra la supervisione didattica e l'efficacia degli insegnanti. I risultati hanno concluso che il genere, l'età, la permanenza nella stanza delle risorse e la soddisfazione sul lavoro hanno percepito una relazione significativa con l'efficacia degli insegnanti.

Nugent, K.E., Bradshaw, M.J., Jito, N. (1999) hanno determinato le variabili che influenzano l'autoefficacia degli insegnanti nei docenti con 5 o meno anni di esperienza di insegnamento. In particolare, è stata esaminata la relazione tra i corsi di formazione formale e l'autoefficacia dell'insegnante nei domini di preparazione del corso, comportamento dell'istruttore, valutazione ed esame e insegnamento clinico. I risultati hanno mostrato che i 346 nuovi infermieri educatori di questo studio avevano un forte senso di autoefficacia dell'insegnante.

I risultati dell'analisi di regressione multipla indicano che i corsi di formazione formale, l'esperienza di insegnamento in infermieristica e altre esperienze di insegnamento influenzano il livello di autoefficacia degli insegnanti.

AnitSomech, AnatDrach-Zahavy (2000) hanno esplorato il costrutto del comportamento extra-ruolo nelle scuole ed esaminato le relazioni tra il comportamento extra-ruolo e i tre fattori, l'autoefficacia e l'efficacia collettiva; i soggetti erano 251 insegnanti israeliani. Un'analisi fattoriale ha rivelato tre fatti distintivi del comportamento extra-ruolo, corrispondenti ai livelli del sistema scolastico. Lo studente, il team e l'organizzazione come unità.

Timothy, A., Judge e Joyce, E., Bono (2001) nel loro studio su "Relationship of core self evaluation trades-self esteem, generalized self efficacy, locus of control and emotional stability with job satisfaction and job performance: a meta analysis". Presenta i risultati della meta-analisi della relazione di quattro tratti - autostima, autoefficacia generalizzata, locus of control e stabilità emotiva (basso nevroticismo) con la soddisfazione e la performance lavorativa. I risultati complessivi, basati su 274 correlazioni, suggeriscono che questi tratti sono tra i migliori predittori disposizionali della soddisfazione e della performance lavorativa.

In uno studio condotto da Steven, P. Brown, ShankerGanesan e Goutam, Challagalla (2001) su "L'autoefficacia come moderatore dell'efficacia della ricerca di informazioni". Gli autori hanno valutato i processi, finora inesplorati, attraverso i quali la ricerca di informazioni e l'autoefficacia contribuiscono all'efficacia dell'autoregolazione nella vendita industriale. Hanno valutato l'interazione sinergica tra la ricerca di informazioni e la moderazione dell'autoefficacia. I risultati hanno indicato che gli effetti di chiarificazione del ruolo della combinazione di indagine di feedback e monitoraggio erano contingenti piuttosto che indipendenti. La chiarezza del ruolo è aumentata con l'aumentare della combinazione di indagine e monitoraggio. Inoltre, questi effetti congiunti sono stati moderati dall'autoefficacia, in modo tale che i dipendenti con un'elevata autoefficacia sono stati in grado di utilizzare efficacemente la combinazione di indagine e monitoraggio per chiarire le aspettative di ruolo, mentre i dipendenti con una bassa autoefficacia non lo sono stati.

Jeffery B. Vancouver, Charles M. Thompson e Amy A. Williams (2001), nel loro studio su "The changing signs in the Relationships Among self-efficacy, Personal Goals, and Performance", hanno interpretato la correlazione positiva tra autoefficacia, obiettivi personali e performance. Utilizzando la teoria dell'autoefficacia (A. Bandura, 1977), si è previsto che i risultati delle correlazioni trasversali fossero una funzione dell'influenza delle prestazioni passate sull'autoefficacia e la teoria del controllo (W.T. Powers, 1973) ha previsto che l'autoefficacia potesse influenzare negativamente le prestazioni successive. Queste previsioni sono state confermate da 56 partecipanti non laureati, utilizzando una procedura interna alla persona. Anche gli obiettivi personali sono stati influenzati positivamente dall'autoefficacia e dalla prestazione, ma negativamente dalla prestazione successiva. Un secondo studio, che ha coinvolto 185 studenti universitari, ha rilevato che gli obiettivi manipolati hanno un livello positivo nella condizione di obiettivo difficile. La discussione si concentra sulle condizioni che possono influenzare il segno della relazione tra autoefficacia, obiettivi e prestazioni.

Jeffery B. Vancouver e Charles M. Thompson, E. Casey Tischner e Dan J. Purka (2002) hanno svolto una ricerca su "Due studi che esaminano l'effetto negativo dell'autoefficacia sulle prestazioni". Vengono presentati due studi per (a) confermare il ruolo causale dell'autoefficacia e (b) corroborare la spiegazione. Nello studio 1, l'autoefficacia è stata manipolata per 43 degli 87 studenti universitari in un gioco analitico. La manipolazione è stata correlata negativamente alle prestazioni nella prova successiva. Nello studio 2, 104 laureandi hanno giocato al gioco analitico e hanno riportato l'autoefficacia tra una partita e l'altra e la fiducia nel grado di valutazione del feedback precedente. Come previsto, l'autoefficacia ha portato a un eccesso di fiducia e quindi ha aumentato la probabilità di omettere gli errori logici durante il gioco.

In uno studio condotto da Megan Tschannen-Moran e Anita Wool folk Hoy (2002) su 255 insegnanti alle prime armi con esperienza inferiore ai 5 anni e insegnanti esperti con esperienza superiore ai 5 anni, è stato osservato che

c'è una differenza significativa tra insegnanti alle prime armi e insegnanti esperti per quanto riguarda le risorse didattiche, il supporto dell'amministrazione e la soddisfazione per le prestazioni. L'analisi di correlazione tra autoefficacia, sostegno e soddisfazione degli insegnanti indica un alto livello di correlazione positiva tra autoefficacia e sostegno della comunità. Lo studio rivela anche che non ci sono differenze significative nelle convinzioni di autoefficacia degli insegnanti tra i gruppi basati su età, razza, sesso e contesto di insegnamento. I contesti di insegnamento urbani sono più impegnativi di quelli suburbani e rurali, di conseguenza i contesti difficili abbassano il senso di efficacia degli insegnanti. Per quanto riguarda le materie, gli insegnanti di arte linguistica sono stati gli unici specialisti con un senso di autoefficacia significativamente più alto. Il livello di insegnamento e gli anni di esperienza hanno contribuito a creare differenze significative nel senso di efficacia degli insegnanti. Gli insegnanti delle scuole elementari avevano un senso di autoefficacia generale significativamente più alto rispetto agli insegnanti delle scuole medie e superiori. Nel presente studio si cerca di valutare gli effetti del genere e della località di residenza degli insegnanti di scuola primaria sulla loro autoefficacia.

Pajares, F. (2003) ha esaminato il contributo della componente di autoefficacia della teoria cognitiva sociale di Bandura (1986) allo studio della scrittura in ambito accademico e ha scoperto che la fiducia degli studenti nelle loro capacità di scrittura influenza la loro motivazione a scrivere e vari risultati di scrittura nella scuola.

Yi-hsiangpan (2003) ha studiato l'autoefficacia dell'insegnante, l'impegno nell'insegnamento e la pratica dell'insegnamento e il loro modello di struttura di relazione lineare per gli insegnanti di educazione fisica e sanitaria della scuola elementare. Alla fine sono stati restituiti 1604 questionari (76,38%). I dati sono stati analizzati con i metodi statistici della MANOVA e della relazione di struttura lineare (LISREL). Inoltre, per lo studio è stato applicato anche il metodo qualitativo, al fine di raccogliere più informazioni e fare un'analisi più interpretativa. Le conclusioni sono state quattro;

1.   Per quanto riguarda l'autoefficacia degli insegnanti, il grado di autoefficacia è stato moderato e le variabili di background degli insegnanti sono risultate significativamente diverse, ad eccezione delle variabili relative al titolo di studio e all'area di insegnamento.

2.   Per quanto riguarda l'impegno didattico, è risultato superiore al grado moderato e le variabili di background degli insegnanti hanno determinato una differenza significativa, ad eccezione delle variabili relative all'età e all'area di insegnamento.

3.   Per quanto riguarda la pratica dell'insegnamento, è risultata superiore al grado moderato e gli insegnanti; le variabili di background hanno determinato una differenza significativa rispetto alle variabili del titolo di studio e dell'area di insegnamento.

4.   In termini di modello di relazione a struttura lineare, il risultato ha indicato la bontà di adattamento del modello tra i campioni e il modello modificato.

Albert Bandura e Edwin A. Locke (2003) nel loro studio "Negative self efficacy and goal effects revisited" affrontano la verifica delle proprietà funzionali delle convinzioni di autoefficacia e documentano come le convinzioni di autoefficacia operino di concerto con i sistemi di obiettivi all'interno di una teoria sociocognitiva che postula la produzione proattiva di discrepanze attraverso l'adozione di sfide di obiettivi che lavorano di concerto con la riduzione reattiva delle discrepanze nel realizzarli. Le evidenze di conversazione provenienti dalle diverse strategie metodologiche e analitiche verificano che l'autoefficacia percepita e gli obiettivi personali aumentano la motivazione e il raggiungimento delle prestazioni. L'ampia evidenza, valutata da 9 meta-analisi per le dimensioni dell'effetto delle convinzioni di autoefficacia e dalla vasta ricerca sull'impostazione degli obiettivi, contraddice i risultati che le convinzioni e la vasta ricerca sull'impostazione degli obiettivi contraddicono i risultati che la convinzione delle proprie capacità e degli obiettivi personali è auto-debilitante.

Robert K. Henson (2004) ha rilevato che le convinzioni di autoefficacia degli insegnanti sono state ripetutamente associate a comportamenti didattici positivi e ai risultati degli studenti.

Anita Wolfolk Hoy (2004) afferma che gli insegnanti altamente efficaci tendono a essere più aperti a nuove idee, più disposti a sperimentare nuovi metodi per soddisfare meglio le esigenze degli studenti e più impegnati nell'insegnamento. Perseverano anche quando le cose non vanno bene e sono più resilienti di fronte alle battute d'arresto. Gli insegnanti efficaci tendono anche a essere meno critici nei confronti degli studenti che commettono errori e sono in grado di lavorare più a lungo con uno studente in difficoltà.

Hagedorn, E.A. (2005) ha studiato le convinzioni di autoefficacia degli insegnanti di scienze e il loro impatto sull'efficacia dell'insegnamento. Un insegnante di scienze alle prime armi può possedere le conoscenze e le competenze necessarie per insegnare le scienze, ma se non crede di poterlo fare efficacemente, è improbabile che lo faccia. Allo stesso modo, se un insegnante non crede che i suoi studenti possano apprendere efficacemente le scienze, anche questo influenzerà negativamente il suo insegnamento. La prima convinzione, che a prima vista sembra essere correlata alla convinzione di autoefficacia. La seconda convinzione, legata alla percezione delle capacità degli studenti, è stata accuratamente definita e convalidata empiricamente come "convinzione di aspettativa di risultato".

Mudasiru Olalere (2005) ha analizzato l'autoefficacia percepita dagli insegnanti nell'implementazione dell'educazione informatica nelle scuole secondarie nigeriane. Ha inoltre esaminato l'influenza del genere sull'autoefficacia percepita dagli insegnanti. A 161 insegnanti maschi e 148 femmine è stato chiesto di indicare la loro esperienza e il loro livello di competenza nell'uso del computer. L'analisi percentuale ha indicato che oltre il 60% degli insegnanti maschi e femmine non ha un'esperienza minima nell'uso del computer nelle operazioni di base e nelle applicazioni software. L'analisi del Chi-quadro non ha indicato differenze significative tra la competenza degli insegnanti maschi e femmine nell'uso del computer, nelle operazioni di base e nell'uso di software applicativi. Sulla base di questi risultati, si raccomanda che gli insegnanti in servizio ricevano una formazione di sviluppo professionale sull'uso del computer e che gli insegnanti in servizio ricevano una formazione di base e avanzata sull'uso della tecnologia nell'istruzione.

McCormick, John, Ayres, Paul,l., Beechey, Bernice, (2006) hanno analizzato la relazione tra lo stress professionale degli insegnanti, la copiatura, l'autoefficacia degli insegnanti e la percezione dei cambiamenti curriculari da parte degli insegnanti in un'importante riforma educativa. Sono state utilizzate la decomposizione variante multilivello e la modellazione strutturale dell'istruzione. È emerso che le attribuzioni di stress ai domini personale e organizzativo erano associate allo stress percepito dagli insegnanti in seguito all'implementazione del nuovo curriculum. Inoltre, i risultati hanno suggerito che questi insegnanti potrebbero aver affrontato lo stress associato ai cambiamenti utilizzando strategie palliative piuttosto che la risoluzione diretta dei problemi. La maggiore comprensione da parte degli insegnanti di ciò che i cambiamenti del curriculum comportavano è stata associata a una minore autoefficacia degli insegnanti. Lo studio sottolinea che la riforma del curriculum non può essere attuata nel vuoto e che i modelli mentali degli insegnanti o gli schemi del sistema educativo all'interno del quale lavorano possono influenzare le interpretazioni della riforma e la sua attuazione. Le analisi forniscono una visione della cognizione degli insegnanti in relazione allo stress e all'autoefficacia durante il cambiamento del curriculum. La natura della riforma, su cui si concentra lo studio, è relativamente rara sia per l'entità del cambiamento del curriculum sia per le dimensioni del sistema educativo (750.000 studenti) coinvolto.

Andrea penrose Chrisperry e Ian Ball (2007) hanno studiato l'intelligenza emotiva e l'autoefficacia degli insegnanti e il contributo dello status e della durata dell'esperienza. Gli insegnanti praticanti e i presidi delle scuole pubbliche selezionate nello stato di Victoria hanno fornito dati sui loro livelli di intelligenza emotiva e sulle convinzioni di autoefficacia degli insegnanti. I dati hanno supportato l'aspettativa teorica di un legame tra intelligenza emotiva e autoefficacia degli insegnanti. Le analisi di regressione hanno mostrato che né il genere né l'età hanno moderato questa relazione. Tuttavia, la durata dell'esperienza di insegnamento e lo status attuale aggiungono un effetto diretto significativo sulla previsione dell'autoefficacia degli insegnanti, ma non moderano la relazione tra intelligenza emotiva e autoefficacia degli insegnanti. Questi risultati sono significativi in quanto dimostrano una relazione tra i livelli di intelligenza emotiva nelle convinzioni di autoefficacia degli insegnanti e l'efficacia degli stessi.

Chan e David, W. (2007) hanno studiato il burnout, l'autoefficacia e l'intelligenza stressante tra i futuri insegnanti e gli insegnanti in servizio. Hanno valutato le tre componenti del burnout (esaurimento emotivo, depersonalizzazione e ridotta realizzazione personale), l'autoefficacia percepita e le tre abilità triarchiche (analitica, sintetica e pratica) dell'intelligenza di successo in un campione di 267 insegnanti cinesi potenziali e in servizio a Honking. L'obiettivo era quello di esplorare ed esaminare il contributo dell'integrazione o della fusione delle abilità triarchiche alle tre componenti del burnout degli insegnanti e dell'autoefficacia percepita.

Sebbene vi fossero sottili differenze di genere e di esperienza di insegnamento, i risultati generali suggerivano che le abilità diarchiche, soprattutto quelle pratiche, potevano contribuire in modo indipendente al senso di realizzazione personale degli insegnanti e all'autoefficacia percepita. La combinazione interattiva delle abilità triarchiche potrebbe essere la più importante nel contribuire negativamente all'esaurimento emotivo.

Dela Torre Cruz, Manuel^ J., Casanova Arias, Pedro, F. (2007) hanno esaminato le convinzioni sull'insegnamento efficace negli studenti insegnanti e negli insegnanti di ruolo. Un totale di 339 partecipanti ha preso parte allo studio. L'analisi fattoriale condotta sui risultati ottenuti ha evidenziato tre fattori principali: efficacia nella gestione dell'aula/disciplina, efficacia nell'insegnamento personale ed efficacia nell'insegnamento generale. L'analisi che ha messo a confronto le aspettative di efficacia ha mostrato differenze significative nelle dimensioni della gestione e della disciplina a favore del gruppo di insegnanti lavoratori, mentre è emerso un modello opposto nella dimensione dell'insegnamento generale. Inoltre, si sono riscontrate differenze nella dimensione gestione dell'aula/disciplina in termini di numero di anni di esperienza nel gruppo degli insegnanti in servizio.

Nel loro studio Y.N. Sridhar e Hamid Reza Badiei (2007) hanno esaminato i livelli di ciascuna Efficacia (TE) e Intelligenza emotiva (WQ) degli insegnanti di scuola primaria in relazione al genere, all'età e al livello di istruzione. Ha utilizzato un campionamento casuale semplice per selezionare 100 insegnanti di scuola primaria tra tutti gli insegnanti di scuola primaria urbana di Mysore South. Il campione di studio ha risposto a due strumenti inventariali validi e affidabili. La Teacher Efficacy Scale (TES) e l'Emotional Intelligence Test. L'analisi dei dati ha previsto l'uso della correlazione personale per misurare la relazione tra i punteggi ottenuti, sia su "TES" che su "EIT", e il test "t" per indagare la differenza significativa tra le medie. La media ottenuta per "TE" è stata di 35 sull'efficacia didattica e 25 sull'efficacia personale; entrambe rientrano nella categoria "moderata" dell'efficacia degli insegnanti. La media ottenuta per "EQ" è stata di 202, che rientra nella categoria "Moderata" dell'intelligenza emotiva. Non vi sono, tuttavia, differenze significative tra le medie di "TE" e "EQ" in riferimento alle due variabili indipendenti considerate in questo studio (genere) e livello di istruzione. Per quanto riguarda la terza variabile indipendente (età) è stata osservata una differenza significativa.

Lo studio condotto da R. Neelakantan (2007) su "Emotional competence of Primary school teachers" mira a scoprire il livello di competenza emotiva degli insegnanti di diverse materie scolastiche. Un campione di 300 insegnanti selezionati a caso è stato studiato utilizzando la scala di competenza emotiva di Sharma e Bhardwaj. I risultati hanno rivelato che gli insegnanti differiscono nella competenza emotiva in base alla qualifica, al tipo di scuola e al servizio.Anjali Ghosh (2007) ha esaminato le somiglianze e le differenze nelle convinzioni di autoefficacia accademica e nei risultati ottenuti in aritmetica e comprensione della lettura in un gruppo di diadi di fratelli (n=105) che studiavano in diverse scuole primarie del Bengala occidentale. I risultati hanno rivelato una relazione positiva significativa tra i fratelli rispetto alle loro convinzioni di autoefficacia in aritmetica e comprensione della lettura. Le analisi di regressione lineare hanno indicato che per questo gruppo di studenti i risultati in aritmetica e comprensione della lettura possono essere efficacemente previsti dalla percezione di autoefficacia. I diversi gruppi di diadi di fratelli hanno rivelato un modello di relazione più o meno simile, più forte per le diadi di fratelli aritmetici e di sesso misto. I risultati indicano che le caratteristiche del fratello maggiore, come i giudizi di efficacia e i risultati ottenuti, influenzano l'efficacia personale e il rendimento scolastico del fratello minore. Un modello efficace da parte di genitori, fratelli, coetanei e insegnanti può svolgere un ruolo importante in questo aspetto dell'apprendimento scolastico.M. Amareswara Raju (2008) ha condotto uno studio su "Impact of teacher self efficacy on the academic performance of B.Ed trainees". Il campione era costituito da insegnanti con breve e lunga anzianità di servizio. I risultati hanno dimostrato che esiste una relazione positiva significativa tra l'autoefficacia degli insegnanti e il rendimento accademico degli studenti. Gli insegnanti con un incarico di lunga durata hanno un'elevata autoefficacia rispetto a quelli con un incarico di breve durata. Tuttavia, non è stata riscontrata alcuna differenza significativa tra insegnanti uomini e donne per quanto riguarda la loro autoefficacia.Dr. K.S. Rao. E S. Heseena (2009) L'autoefficacia è la convinzione di possedere le capacità di eseguire le azioni necessarie per gestire le situazioni prospettiche. Il presente studio si propone di studiare l'impatto del genere e della località di residenza sull'autoefficacia degli insegnanti di scuola primaria. Il campione è composto da 60 uomini e 60 donne provenienti da località rurali e urbane. È stato previsto che il genere e la località di residenza influenzino significativamente l'autoefficacia degli insegnanti di scuola primaria. È stato utilizzato il disegno fattoriale A2X2 e i dati sono stati sottoposti all'analisi della varianza per testare le ipotesi. È emerso che c'è una differenza significativa tra gli insegnanti di scuola primaria delle zone rurali e urbane per quanto riguarda la loro autoefficacia, ma non c'è alcuna differenza significativa tra uomini e donne per quanto riguarda la loro autoefficacia.

Ravi Babu (2010) ha rilevato che gli insegnanti delle scuole superiori Zilla Parishad hanno una maggiore autoefficacia rispetto agli insegnanti delle scuole private. Gli insegnanti delle scuole superiori Zilla Parishad hanno un alto livello di autoefficacia, ma hanno una relazione trascurabile con i risultati accademici dei loro studenti. Gli insegnanti con un alto livello di autoefficacia che sono insegnanti di scuole superiori a gestione privata hanno una relazione molto alta con i risultati accademici dei loro studenti.

Vusirikayala Rangaswamy (2011) ha rilevato che il management ha un'influenza significativa sull'autoefficacia degli insegnanti di scuola superiore. Il genere ha un'influenza significativa sull'autoefficacia degli insegnanti di scuola superiore. I programmi di orientamento frequentati hanno un'influenza significativa sull'autoefficacia degli insegnanti di scuola superiore.I programmi in servizio frequentati hanno un'influenza significativa sull'autoefficacia degli insegnanti di scuola superiore. L'esperienza di insegnamento ha un'influenza significativa sull'autoefficacia degli insegnanti di scuola superiore. Il titolo di studio ha un'influenza significativa sull'autoefficacia degli insegnanti di scuola superiore. Il reddito annuo ha un'influenza significativa sull'autoefficacia degli insegnanti di scuola superiore Il mezzo di insegnamento ha un'influenza significativa sull'autoefficacia degli insegnanti di scuola superiore. Il cast ha un'influenza significativa sull'autoefficacia degli insegnanti di scuola superiore.

Purushotham, K. (2012) ha rilevato che il genere ha un'influenza significativa sull'autoefficacia tra i docenti delle scuole medie? La località ha un'influenza significativa sull'autoefficacia tra i docenti delle scuole medieX La qualifica ha un'influenza significativa sull'autoefficacia tra i docenti delle scuole medie La casta ha un'influenza significativa sull'autoefficacia tra i docenti delle scuole medie! L'età ha un'influenza significativa sull'autoefficacia dei docenti universitari junior!

Prasanthi Vempalli (2013) ha rilevato che il management ha un'influenza significativa sull'autoefficacia dei docenti del Politecnico. Il genere ha un'influenza significativa sull'autoefficacia dei docenti del Politecnico. La casta ha un'influenza significativa sull'autoefficacia dei docenti del Politecnico. L'età ha un'influenza significativa sull'autoefficacia dei docenti del Politecnico. L'esperienza di insegnamento ha un'influenza significativa sull'autoefficacia dei docenti del Politecnico. Il tipo di famiglia ha un'influenza significativa sull'autoefficacia dei docenti del Politecnico.

CAPITOLO 3
3.1 IL PRESENTE STUDIO

INTRODUZIONE.

Un forte senso di efficacia accresce la realizzazione umana e il profondo coinvolgimento nelle attività, le pone come obiettivi sfidanti e mantiene un forte impegno nei loro confronti, aumentando e sostenendo gli sforzi di fronte al fallimento. Recuperano più rapidamente la fiducia in se stessi dopo gli insuccessi o le battute d'arresto e attribuiscono il fallimento a sforzi insufficienti o a carenze e abilità acquisibili. Un'elevata autoefficacia contribuisce a creare sentimenti di serenità nell'affrontare compiti e attività difficili. Al contrario, le persone che dubitano delle proprie capacità possono credere che le cose siano più difficili di quanto non siano in realtà, una convinzione che favorisce. Lo stress, la depressione e la visione ristretta del modo migliore per risolvere un problema. Non sorprende che la fiducia nelle proprie capacità accademiche sia una componente critica del successo universitario.

Al contrario, le persone che dubitano delle proprie capacità si sottraggono a compiti difficili che vedono come minacce personali. Hanno basse aspirazioni e un impegno debole verso gli obiettivi che scelgono di perseguire. Quando si trovano di fronte a compiti difficili, si soffermano sulle loro carenze personali, sugli ostacoli che probabilmente incontreranno e su tutti i tipi di esiti negativi, piuttosto che concentrarsi su come raggiungere il risultato, in quanto non è necessario un grande fallimento perché perdano la fiducia nelle loro capacità e cadano facilmente vittime di stress e depressione.

Un insegnante ha un grande impatto sulla qualità dell'apprendimento che gli studenti sperimentano Gli insegnanti con bassa autoefficacia spesso si perdono nei problemi della classe. Gli insegnanti con bassa autoefficacia non hanno fiducia nella loro capacità di gestire le classi, si stressano e si arrabbiano per la capacità degli studenti di migliorare, hanno una visione custodiale del loro lavoro, spesso fanno riferimento a metodi di disciplina restrittivi e punitivi e dicono che se dovessero rifare tutto da capo non sceglierebbero l'insegnamento come professione {Mebly, 1995}. Gli insegnanti con autoefficacia sono stati messi in relazione con i buoni risultati dei loro studenti e gli insegnanti con alta autoefficacia tendono a considerare gli studenti difficili come raggiungibili e insegnabili. Considerano i problemi di apprendimento come superabili con uno sforzo supplementare e strategie ingegnose per aiutare gli studenti in difficoltà. Gli insegnanti di scuola secondaria con un basso livello di autoefficacia probabilmente affermano che gli studenti con scarse capacità non possono essere trasformati correttamente.

L'autoefficacia è la convinzione di avere il potere di produrre un effetto. L'efficacia dell'insegnante è stata definita come la misura in cui l'insegnante ritiene di avere la capacità di influenzare il rendimento degli studenti.

3.2 ESPOSIZIONE DEL PROBLEMA

Il problema preso in esame dal ricercatore è **"UNO STUDIO SULL'AUTOEFFICACIA DEGLI INSEGNANTI DI SCUOLA SECONDARIA"** **3.3 ESIGENZA DELLO STUDIO**

L'efficacia personale dell'insegnante influisce sul suo processo strumentale. Il senso di efficacia dell'insegnante è legato alle sue convinzioni sul controllo degli studenti. Gli insegnanti con un basso senso di efficacia tendono a mantenere un orientamento custodiale che ha una visione pessimistica della motivazione degli studenti, enfatizza il controllo rigido del comportamento in classe e fa leva su incentivi estrinseci e sanzioni negative per far studiare gli studenti (Woolfolk e Hoy 1990, Wool folk, Rosoff & Hoy 1990). Hoy 1990) Gli insegnanti di scuola secondaria con un'elevata efficacia creano esperienze di padronanza per i loro studenti, mentre quelli di scuola media con una bassa efficacia strumentale minano lo sviluppo cognitivo degli studenti e il loro giudizio sulle proprie capacità (Gibso& Damson

1984, John & Ross miller, 1987). L'efficacia degli insegnanti predice anche il giudizio degli studenti sulle proprie capacità (Gibso& Damson 1984, John & Ross miller, 1987). L'efficacia dell'insegnante predice anche i risultati degli studenti e le loro convinzioni sui risultati ottenuti nelle varie aree e livelli. (Aston &webb, 1986, Midgley, Feldlauger, &Eccles, 1989). È necessario scoprire ulteriori correlati dell'efficacia degli insegnanti e capire come queste convinzioni influenzino le variabili di risultato educativo, come la pratica didattica o le convinzioni e i risultati degli studenti.

In molti studi, il senso di efficacia dei docenti delle scuole secondarie è stato valutato principalmente con due fattori, il senso di efficacia personale nell'insegnamento e il senso di efficacia nell'insegnamento (Ashton e Webb, 1986; Gibson e Dembo, 1984). Il primo si riferisce alla valutazione individuale della propria competenza di insegnante, il secondo si riferisce alle aspettative dei docenti delle scuole medie che l'insegnamento possa influenzare l'apprendimento degli studenti. Guskey e Passaro (1194) hanno riferito che questi due fattori non corrispondono a un orientamento personale contro un orientamento generale all'efficacia dell'insegnamento, ma piuttosto a una distinzione interna contro esterna, simile alle misure di attribuzione del locus-of-control. Se così fosse, sarebbe istruttivo scoprire cosa misurano effettivamente questi due fattori. Inoltre, gli strumenti di efficacia degli insegnanti chiedono tipicamente (ai docenti delle scuole medie) di esprimere giudizi di fiducia su questioni disperate come la gestione della classe e l'influenza del background familiare sull'apprendimento degli studenti, per poi confrontare il punteggio composto di questi giudizi con risultati come gli indici di rendimento degli studenti o le diverse pratiche di insegnamento. Se le avvertenze di Bandura (1986) sulla corrispondenza delle convinzioni sono insensibili al contesto e possono minimizzare l'effettiva influenza delle convinzioni dei docenti universitari sulle pratiche didattiche o sui risultati degli studenti. In linea con queste linee guida, i ricercatori in quest'area dovrebbero sforzarsi di valutare le convinzioni degli insegnanti che corrispondono ai criteri di interesse, piuttosto che valutare tali convinzioni con una misura generalizzata e poi fare il collegamento con questa valutazione a pratiche o risultati specifici.

L'obiettivo principale del presente studio era: **"UNO STUDIO SULL'AUTOEFFICACIA DEGLI INSEGNANTI DELLA SCUOLA SECONDARIA IN RELAZIONE A FATTORI SPECIFICI"**.

3.4 SCOPO DELLO STUDIO

Lo scopo dello studio è quello di trovare le nostre

1.   Se esiste un'influenza significativa dell'età sull'autoefficacia degli insegnanti della scuola secondaria.

2.   Se esiste un'influenza significativa dell'esperienza di insegnamento sull'autoefficacia degli insegnanti di scuola secondaria.

3.   Se esiste un'influenza significativa del reddito annuale sull'autoefficacia degli insegnanti di scuola secondaria.

4.   Se esiste un'influenza significativa del genere sull'autoefficacia degli insegnanti di scuola secondaria.

5.   Se esiste un'influenza significativa della gestione dell'autoefficacia tra gli insegnanti della scuola secondaria.

6.   Se esiste un'influenza significativa della località sull'autoefficacia degli insegnanti di scuola secondaria.

7.   Se esiste un'influenza significativa del titolo di studio sull'autoefficacia degli insegnanti di scuola secondaria.

8.   Se esiste un'influenza significativa dello stato civile sull'autoefficacia degli insegnanti di scuola secondaria.

9.	Se esiste un'influenza significativa del numero di insegnanti di scuola secondaria nel collegio sull'autoefficacia dei docenti di scuola media.

10.	Se esiste un'influenza significativa della dimensione della famiglia sull'autoefficacia degli insegnanti di scuola secondaria.

11.	Se esiste un'influenza significativa del tipo di famiglia sull'autoefficacia degli insegnanti di scuola secondaria.

12.	Se esiste un'influenza significativa della casta sull'autoefficacia degli insegnanti di scuola secondaria.

3.5 AMBITO DELLO STUDIO

L'intento principale dello studio è quello di trovare la relazione dell'autoefficacia tra gli insegnanti di scuola secondaria con l'età, l'esperienza di insegnamento, il reddito annuale, il sesso, la gestione, la località, le qualifiche, lo stato civile, il numero di insegnanti di scuola secondaria. Nella scuola della famiglia, casta e tipo di famiglia.

3.6 OBIETTIVI

Gli obiettivi principali del presente studio sono i seguenti.

1.	Conoscere l'auto-efficacia degli insegnanti della scuola secondaria.

2.	Studiare l'influenza dell'età sull'autoefficacia degli insegnanti di scuola secondaria.

3.	Studiare l'influenza dell'esperienza didattica sull'autoefficacia degli insegnanti di scuola secondaria.

4.	Studiare l'influenza del reddito annuale sull'autoefficacia degli insegnanti di scuola secondaria.

5.	Studiare l'influenza del genere sull'autoefficacia degli insegnanti di scuola secondaria.

6.	Studiare l'influenza del management sull'autoefficacia degli insegnanti di scuola secondaria.

7.   Studiare l'influenza della località sull'autoefficacia degli insegnanti di scuola secondaria.

8.   Studiare l'influenza del titolo di studio sull'autoefficacia degli insegnanti di scuola secondaria.

9.   Studiare l'influenza dello stato civile sull'autoefficacia degli insegnanti di scuola secondaria.

10.   Studiare l'influenza del numero nell'autoefficacia degli insegnanti di scuola secondaria.

11.   Studiare l'influenza della dimensione della famiglia sull'autoefficacia degli insegnanti di scuola secondaria.

12.   Studiare l'influenza della dimensione della famiglia sull'autoefficacia degli insegnanti di scuola secondaria.

13.   Studiare l'influenza del tipo di famiglia sull'autoefficacia degli insegnanti di scuola secondaria.

IPOTESI
Sulla base di questo obiettivo, vengono formulate le seguenti ipotesi.

1.   Tutti gli insegnanti della scuola secondaria non hanno la stessa autoefficacia.

2.   Non ci sarebbe un'influenza significativa dell'età sull'autoefficacia degli insegnanti di scuola secondaria.

3.   L'esperienza di insegnamento non avrebbe un'influenza significativa sull'autoefficacia degli insegnanti di scuola secondaria.

4.   Non ci sarebbe un'influenza significativa del reddito annuale sull'autoefficacia degli insegnanti di scuola secondaria.

5.   Non ci sarebbe un'influenza significativa del genere sull'autoefficacia degli insegnanti

di scuola secondaria.

6. Non ci sarebbe un'influenza significativa del management sull'autoefficacia degli insegnanti di scuola secondaria.

7. Non ci sarebbe un'influenza significativa della località sull'autoefficacia degli insegnanti di scuola secondaria.

8. Non ci sarebbe un'influenza significativa della casta sull'autoefficacia degli insegnanti di scuola secondaria.

9. Non ci sarebbe un'influenza significativa del titolo di studio sull'autoefficacia degli insegnanti di scuola secondaria.

10. Lo stato civile non avrebbe un'influenza significativa sull'autoefficacia degli insegnanti di scuola secondaria.

11. Non ci sarebbe un'influenza significativa del numero di insegnanti di scuola secondaria nel collegio sull'autoefficacia degli insegnanti di scuola secondaria.

12. Non ci sarebbe un'influenza significativa delle dimensioni della famiglia sulla autoefficacia degli insegnanti della scuola secondaria.

13. Non ci sarebbe un'influenza significativa del tipo di famiglia sull'autoefficacia tra i membri della famiglia.

3.8 STUDI VARIABILI
In questo studio sono state prese in considerazione le seguenti variabili

3.8.1 . Variabili indipendenti.

Età, esperienza di insegnamento, reddito annuo, sesso, titolo di studio, stato civile, numero di insegnanti di scuola secondaria. Nella scuola dimensione della famiglia, casta e tipo di famiglia.

3.8.2 Variabile dipendente

Autoefficacia

3.9 DEFINIZIONE DEI TERMINI

1. **Fattore**:

Una causa o un fattore determinante, che può essere unico per una variabile o comune a più variabili, che può essere utilizzato per spiegare le correlazioni tra un insieme di variabili (Good, 1973).

1. Un elemento che concorre alla competizione di qualsiasi cosa o al raggiungimento di un determinato risultato.

2. Un fatto che deve essere preso in considerazione o che influisce sul corso del processo. eventi (Davidson, et al., 1988)

2.Variabile:
Qualsiasi tratto che cambia da un caso o da una condizione all'altra, più strettamente, la rappresentazione del tratto, di solito in termini quantitativi, come la misurazione di un'enumerazione (Good, 1973).

Nella ricerca educativa qualsiasi entità che può variare. Una variabile "indipendente" è quella che il ricercatore manipola, ad esempio un tipo di programma didattico. Una variabile "dipendente" è quella che cambia di conseguenza ai cambiamenti della variabile indipendente (John Bellingham, 2004).

3.Studio

Applicazione della mente a un problema o a un argomento.

4.Studente

Una persona che frequenta un'istituzione educativa o che non è iscritta a un programma educativo, ma anche un alunno, un individuo che ha un'inclinazione libresca, riflessiva o studiosa. Un individuo a cui viene impartita un'istruzione nell'ambito di un programma educativo sotto la giurisdizione di una scuola o di un'altra istituzione educativa (John Bellingham, 2004).

3.   Un luogo considerato con riferimento ad alcuni eventi o circostanze particolari, un quartiere in cui si fanno determinate cose o che viene scelto per particolari operazioni (Vivian Ridler, 1961).

4.   L'educazione è la manifestazione della perfezione divina già esistente nell'uomo

Vivekananada

CAPITOLO - 4

METODI DI INDAGINE

Questo capitolo tratta degli strumenti utilizzati nello studio, del punteggio degli strumenti, della selezione del campione, della raccolta dei dati e delle tecniche statistiche utilizzate.

Rummel ha osservato che "poiché non esistono due imprese di ricerca esattamente uguali, è impossibile stabilire una formulazione rigida del metodo o della procedura. Esiste un'ampia variazione nelle condizioni e nelle circostanze che determina la natura oggettiva dei problemi di ricerca nei diversi campi. Lo scopo di uno studio può variare da ricercatore a ricercatore in base al luogo in cui deve essere condotto e alle applicazioni che se ne vogliono fare. Inoltre, le grandi differenze nelle capacità e nelle caratteristiche degli individui che svolgono un lavoro di ricerca sono un fatto comprovato. Pertanto, tutti i metodi non possono essere rappresentati in termini di formula o di standardizzazione".

CLASSIFICAZIONI DEI METODI

Carter V Good, A.S.Barr e Douglous E. Scates classificano i metodi di ricerca come segue.

1. Campo di applicazione: Educazione, storia, filosofia, psicologia, ecc.

2. Scopo: Descrizione, previsione, determinazione dello stato, ecc.

3. Luogo in cui viene condotta: in laboratorio o sul campo.

4. Applicazione: Ricerca pura o ricerca applicata.

5. Strumenti di raccolta dati utilizzati: Test, scala di valutazione, questionario, ecc.

6. Carattere dei dati raccolti: oggettivi, soggettivi, qualitativi e quantitativi, ecc.

7. Simboli: Impiegati per ricodificare, descrivere o trattare.

8. Forma di pensiero: Deduttivo e induttivo, ecc.

9. Controllo dei fattori: Sperimentazione controllata e non controllata.

10. Metodi utilizzati per stabilire una relazione occasionale: Accordo, differenza, residui e non impegno.

Esistono tre importanti metodi di studio generalmente seguiti nel campo della ricerca educativa.

1. Metodo storico

2. Metodo sperimentale

3. Indagine o metodo normativo o descrittivo

Il presente studio si propone di analizzare "Uno studio comparativo degli atteggiamenti degli insegnanti di scuola secondaria di secondo grado nei confronti dei programmi in servizio". È stato progettato per trovare la differenza di opinioni espresse da diverse categorie di variabili. Questo studio rientra nel "metodo di indagine normativo o descrittivo della ricerca educativa".

Sondaggio normativo

La ricerca per sondaggio normativo è un metodo di raccolta e analisi dei dati ottenuti da un gran numero di intervistati che rappresentano una popolazione specifica, raccolti attraverso un questionario altamente strutturato e dettagliato.

Campione

"In ogni branca della scienza non abbiamo le risorse per studiare più di un frammento dei fenomeni che potrebbero far progredire le nostre conoscenze".

-William G. Cohran

Significato di campione

Un campione è una piccola parte di una popolazione selezionata per l'osservazione e l'analisi. Si tratta di una raccolta che consiste in una parte o in un soggetto degli oggetti o degli individui della popolazione, che viene selezionata allo scopo di rappresentare la popolazione.

Importanza del campione "Brog" sottolinea l'importanza del disegno della ricerca in quanto "il fattore forse più importante nel determinare la generalizzabilità dei risultati della ricerca è la selezione del campione utilizzato nella raccolta dei dati della ricerca". Ci sarà uno spreco di tempo, denaro ed energia se i dati della ricerca non sono generalizzabili in qualche misura al di là del campione utilizzato nella ricerca.

Tipi di campionamento

Sono diversi i metodi utilizzati per il prelievo del campione.

1. Campionamento casuale

2. Campionamento mirato

3. Campionamento stratificato

4. Campionamento per quote.

5. Campionamento multistadio

6. Campionamento di convenienza

7. Campionamento autoselezionato.

Il presente studio è specifico per il tempo e per il contenuto. Sarebbe molto diverso per il ricercatore prendere in considerazione tutte le scuole del distretto di Chittoor per questo studio di ricerca. Per la raccolta dei dati, il ricercatore ha adottato il metodo di campionamento casuale stratificato per la selezione del campione. Per il presente studio sono stati selezionati gli insegnanti di scuola secondaria appartenenti alle seguenti variabili. Per lo studio sono stati utilizzati i seguenti strumenti.

> Questionario sull'autoefficacia

> Scala socio-demografica

La descrizione di questi strumenti è riportata in dettaglio nelle pagine seguenti.

1 . QUESTIONARIO SULL'AUTOEFFICACIA

Il ricercatore ha utilizzato la scala di efficacia dei docenti dell'Ohio State} junior college. È stata sviluppata da Megan Tschannen-Moran, del College of William and Mary e da Anita Wool folk Hoy dell'Ohio State University. È composta da 24 affermazioni. Ogni affermazione

ha cinque categorie di risposta: "Niente", "Molto poco", "Qualche influenza", "Un po'",
"Molto". I punteggi minimi e massimi dell'autoefficacia sono rispettivamente 24 e 120. La
scala di efficacia dei docenti dell'Ohio State Junior College (OSTES) è stata somministrata a
30 docenti per uno studio pilota e le loro risposte sono state valutate di conseguenza. I dati
sono stati analizzati utilizzando tecniche statistiche adeguate.

Affidabilità dello strumento utilizzato nello studio

Henry, E. Garret (1966) ha affermato che "il punteggio di un test viene definito affidabile
quando abbiamo ragioni per ritenere che il punteggio sia stabile e degno di fiducia. In effetti,
un confronto tra i punteggi ottenuti con la ripetizione di un test inaffidabile, o con due forme
parallele dello stesso test, rivelerebbe molte discrepanze, alcune grandi e altre piccole, tra i
due punteggi ottenuti da ciascun individuo del gruppo. La correlazione del test con se stesso,
calcolata in diversi modi, è chiamata coefficiente di affidabilità del test. Henry, E. Garret
(1966) descrive 4 metodi per stabilire l'affidabilità di un test. Essi sono:

a)   Metodo del test-retest.

b)   Forme alternative o parallele.

c)   Metodo del rovesciamento a metà.

d)   Metodo dell'equivalenza razionale

Di queste quattro procedure, il metodo della metà divisa è considerato **da** molti come il migliore dei metodi di misurazione dell'affidabilità. Questo metodo è utilizzato da molti ricercatori perché i dati per il calcolo dell'affidabilità sono ottenuti in un'unica occasione. In questo modo si eliminano le variazioni dovute alle differenze tra le due situazioni di test. Nel metodo split-half il test viene diviso in due "metà" equivalenti e la correlazione viene trovata per questi mezzi test utilizzando la formula del coefficiente di **correlazione** di Karl Pearson.

$$r = \frac{N \pounds xy - \pounds x \, \pounds y}{\sqrt{(N \pounds x^2 - (\pounds x)^2)^2 \, (N \pounds y^2 - (\pounds y)^2)}}$$

Dove

r = **coefficiente** di correlazione.

X = punteggio ottenuto in una metà del test.

Y = punteggio ottenuto **nell'**altra metà del test Zx=somma dei valori V ottenuti.

Zy=somma dei valori y ottenuti.

£x2=somma dei valori **V** al quadrato.

£y =somma dei valori V al quadrato.

(£x)² =valore quadratico della somma dei valori V ottenuti.

(£y)² =valore quadratico della somma dei valori V ottenuti.

N = Numero di casi.

Dall'affidabilità del mezzo test, l'autocorrelazione dell'intero test viene poi stimata utilizzando la formula di Spearman Brown Prophecy.

$$r = \frac{2r\ \frac{1}{2},\ \frac{1}{2}}{1+r\ \frac{1}{2},\ \frac{1}{2}}$$

Coefficiente di affidabilità dell'intero tester[1] *12.ˣ 2* = Coefficiente di affidabilità del mezzo test. In questo studio, lo sperimentatore ha utilizzato il metodo split-half per stimare l'affidabilità della scala Ohio State Secondary School Teachers Efficacy (OSTES) è stata somministrata a 30 insegnanti di scuola secondaria e le loro risposte sono state valutate di conseguenza. La scala di efficacia dello Stato dell'Ohio (OSTES) è stata somministrata ai docenti del Junior College. Successivamente sono stati assegnati dei punteggi e i dati sono stati sottoposti ad analisi di affidabilità e validità.

Dai dati ottenuti, i punteggi dei numeri pari e dispari sono stati riuniti ma separatamente e la correlazione tra questi due gruppi di punteggi è **stata** calcolata

$$r = \frac{N\pounds xy - \pounds x\pounds y}{\sqrt{(\ N\pounds x^2 - (\pounds x)^2][N\pounds y^2 - (\pounds y)^2]}}$$

$$(10 \times 19175) - (440 \times 423)$$

$$r = \sqrt{(200600 - 193600)\ (184310 - 17899)}$$

utilizzando la formula di Karl Pearson.

L'affidabilità dell'intero test è stata calcolata utilizzando il metodo di Spearman Brown

Formula della profezia.

$$2r \tfrac{1}{2} \tfrac{1}{2}$$

$$r = \text{---------------------}$$

$$1 + r^{1}/2.^{1}/2$$

$$r = \frac{2 \times 0.93}{1 + 0.93}$$

$$r = 0.96$$

I valori r ottenuti dello strumento, l'Efficacia dei docenti dell'Ohio State Junior College, possiedono un alto grado di affidabilità (0,95).

Validità della scala

La validità è la qualità di uno strumento di ricerca o di una procedura che misura ciò che intende misurare. Secondo John W. Best, la validità è la qualità di uno strumento di raccolta dati o di una procedura di misurazione che consente di misurare ciò che si suppone di misurare. L'indice di affidabilità è talvolta considerato una misura della validità (**Garret**, E. Henry e Woodworm, 1981). Vengono accertati diversi tipi di validità. Essi sono:- **(a).Validità di controllo**

Mostra quanto sia adeguato il contenuto di un test di campionamento su ogni inferenza da fare. Come già accennato, l'Autoefficacia degli insegnanti di scuola secondaria viene redatta dopo un'accurata revisione della letteratura relativa all'area. Vengono consultati esperti del settore e i loro suggerimenti vengono incorporati per migliorare il linguaggio, la copertura dei contenuti, il formato degli item, ecc.

(b).Validità intrinseca

La validità intrinseca indica quanto i punteggi ottenuti misurano la vera componente del test.

Il percorso quadrato del valore di affidabilità della scala corrisponde alla sua validità intrinseca. La validità intrinseca ottenuta per l'OSTES è pari a 0,98, un valore molto alto. La versione inglese della scala di autoefficacia è riportata nell'**Appendice-B.**

La versione Telugu dell'autoefficacia è riportata nell'**Appendice C.**

4.2 SCALA SOCIO-DEMOGRAFICA

Sono state raccolte le scale socio-demografiche riguardanti il nome del docente, l'età, l'esperienza di insegnamento, il reddito annuo, il sesso, la direzione, la località, il titolo di studio, lo stato civile, il numero di collegiali (insegnanti) nella scuola, la dimensione della famiglia, la casta e il tipo di famiglia. La scala socio-demografica è presentata nell'**Appendice-A.**

4.3 PROGETTO CAMPIONE

Il campione dell'indagine era costituito da 240 insegnanti di scuola secondaria del distretto di Chittoor. Il campionamento casuale stratificato è stato applicato in tre fasi. Il primo stadio è quello della gestione, ossia governativa e privata, il secondo quello della località, ossia rurale e urbana, e il terzo quello del genere, ossia maschile e femminile. Si tratta di un disegno fattoriale 2x2x2 con 240 soggetti campione. Il disegno del campione per lo studio è presentato nella **Tabella 1.**

Tabella-1
Progetto campione

S.No.	Località Genere /Gestione	Rurale		Urbano		Totale
		Uomo	Donna	Uomo	Donna	
1.	Governo	30	30	30	30	120
2.	Privato	30	30	30	30	120
	Totale	120		120		240

4.4. RACCOLTA DEI DATI E ANALISI

Il ricercatore si è recato personalmente a scuola con il permesso del preside della scuola. Gli insegnanti della scuola secondaria presenti a scuola il giorno della raccolta dei dati sono considerati ai fini dell'indagine. Gli insegnanti della scuola secondaria sono stati istruiti sugli strumenti e motivati a rispondere sinceramente a tutti gli item. Sono stati somministrati il questionario sull'autoefficacia e la scheda personale.

I dati relativi a ciascuna variabile dell'indagine sono stati opportunamente codificati per poter essere analizzati al computer.

L'analisi è stata condotta sulla base degli obiettivi dell'indagine e delle ipotesi formulate utilizzando tecniche statistiche appropriate.

È stata preparata una tabella di distribuzione delle frequenze per il campione totale. Laddove necessario, sono state calcolate le misure di tendenza centrale, di dispersione, di asimmetria, di curtosi e l'errore standard della media. Per testare le diverse ipotesi sono state utilizzate tecniche statistiche inferenziali come il 'test f (rapporto critico) e il 'test f'. I risultati numerici ottenuti sono illustrati da rappresentazioni grafiche. Il ricercatore ha considerato le rappresentazioni grafiche.

Per le formule statistiche si è fatto riferimento ai seguenti libri:
> "Metodi statistici per i ricercatori", di Fisher (1950).
> "Fundamental Statisticin   Psychology and Education", di Guilford (1950).
> "Statistica in educazione e   psicologia   ",   di Yate   (1965).
> "Statistica in educazione e   psicologia   ",   di Garrett   (1973).
> "Statistica in educazione e   psicologia   ",   di   Mangal (2002)
Di seguito sono riportati i livelli significativi utilizzati con i rispettivi simboli:
    ** Indica la significatività a livello 0,01.
*Indica la   significatività a livello 0,05
@Indica la   significatività a livello 0,05

CAPITOLO- 5
ANALISI E INTERPRETAZIONE DEI DATI

Questo capitolo tratta l'analisi e l'interpretazione dei dati. I dati sono presentati sotto forma di:

1. Tabella di distribuzione delle frequenze

2. valori di "t" e rapporti di "F" rispetto all'influenza dell'indipendente

sulle variabili dipendenti.

5.1 TABELLA DI DISTRIBUZIONE DELLE FREQUENZE

La tabella di distribuzione di frequenza dei punteggi di autoefficacia è presentata nelle pagine seguenti.

5.1.1 Distribuzione di frequenza dei punteggi di autoefficacia

La distribuzione di frequenza dei punteggi di autoefficacia per l'intero gruppo e per il campione totale (N = 240) è presentata in

Dalla tabella -2 si osserva che la media dei punteggi di autoefficacia è 89,04, la mediana è 90,00 e la modalità è 93,00. Lo scarto tra media, mediana e modalità è trascurabile. Pertanto, la distribuzione è molto vicina alla distribuzione normale.

I valori di skewness e di kurtosis sono rispettivamente -0,15 e 0,45. Pertanto, la distribuzione di frequenza dei punteggi di autoefficacia per l'intero gruppo presenta una leggera asimmetria negativa e una curtosi lepta.

Tabella;2

S.No	Intervallo di classe	MP	F	Cf	Cpf
1	51-60	55	6	6	2.50
2	61-70	65	10	16	6.67
3	71-80	75	37	53	22.08
4	81-90	85	71	124	51.67
5	91-100	85	87	211	87.92
6	101-110	105	21	232	96.67
7	111-120	115	8	240	100.00

N- 240, M- 89.04, Md =90.00, Mo= 93.00, R=67.00, S.D= 11.89, S.k= _ 0.15, Ku=0,45

Il diagramma a barre della distribuzione dei punteggi di autoefficacia per l'intero gruppo è riportato nella Figura 1.

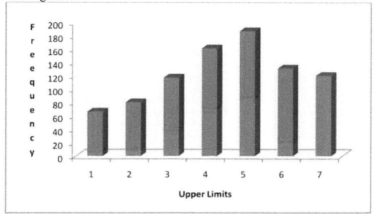

Figura 2.

Il poligono di frequenza della distribuzione dei punteggi di autoefficacia per l'intero gruppo è riportato in

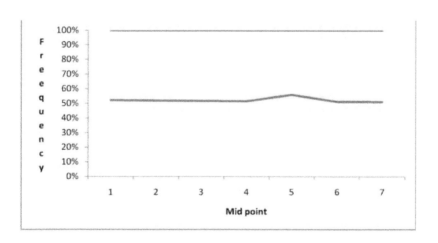

Figura 3.
L'ogiva della distribuzione dei punteggi di autoefficacia per l'intero gruppo è riportata in

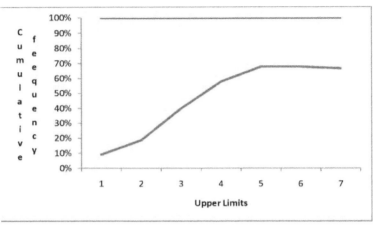

5.2 VALORI 't' E RAPPORTI 'F' RISPETTO ALLA INFLUENZA DELLE VARIABILI INDIPENDENTI SULLA VARIABILE

DIPENDENTE

È stata analizzata l'influenza di diverse variabili indipendenti sull'autoefficacia degli insegnanti della scuola secondaria. Nella presente indagine sono state prese in considerazione le seguenti variabili.

1. Gestione

2. Genere

3. Località

4. Stato civile

5. Qualifica

6. Casta

7. Età

8. Esperienza di insegnamento

9. Reddito annuale

10. Numero di insegnanti di scuola secondaria nel collegio

11. Dimensione della famiglia

12. Tipo di famiglia.

5.2.1 Gestione

La presente indagine studia la relazione tra l'autoefficacia degli insegnanti di scuola secondaria e la loro gestione. Sulla base della gestione, gli insegnanti di scuola secondaria sono stati divisi in due gruppi. Gli insegnanti delle scuole secondarie statali fanno parte del gruppo 1 e il gruppo 2 fa parte degli insegnanti delle scuole secondarie private. L'autoefficacia degli insegnanti di scuola secondaria dei due gruppi è stata analizzata di conseguenza. L'autoefficacia degli insegnanti di scuola secondaria dei due gruppi è stata testata in modo significativo con il test "t". È stata formulata la seguente ipotesi.

Ipotesi-1

Non ci sarebbe un impatto significativo del "management" sull'autoefficacia degli insegnanti di scuola secondaria.

L'ipotesi di cui sopra è stata testata impiegando il test "t". I risultati sono presentati nella

Tabella 3

Tabella 3

Influenza del management sull'autoefficacia degli insegnanti di scuola secondaria

S.No.	Gestione	N	Media	S.D	t'test
1	Governo	120	86.692	13.257	3.125†
2	Privato	120	91.383	9.730	

significatività. Pertanto, l'ipotesi -1 è respinta a livello di 0,01. Si conclude quindi che il management ha un'influenza significativa sull'autoefficacia.
degli insegnanti di scuola secondaria
Il diagramma a barre per i mezzi di gestione dell'autoefficacia è **riportato** in

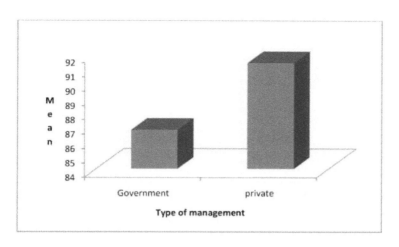

Figura 4.
Figura 4 Diagramma a barre dei mezzi di gestione dell'autoefficacia.

5.2.2 Genere

La presente indagine studia la **relazione tra** l'autoefficacia degli insegnanti di scuola secondaria e il loro genere. In base al genere, gli insegnanti di scuola secondaria sono stati suddivisi in due gruppi. I maschi formano il Gruppo-1 e il Gruppo-2 gli insegnanti di scuola secondaria con le femmine. L'autoefficacia degli insegnanti di scuola secondaria dei due gruppi è stata analizzata di conseguenza. L'autoefficacia dei due gruppi di insegnanti di scuola secondaria è stata testata in modo significativo con il test "t". È stata formulata la seguente ipotesi.

Ipotesi-2

Non vi sarebbe alcun impatto significativo del "genere" sull'autoefficacia di degli insegnanti della scuola secondaria.

L'ipotesi di cui sopra è stata testata impiegando il test 't'.   I risultati vengono presentati nella tabella -4

Tabella 4.
Influenza del genere sull'autoefficacia degli insegnanti di scuola secondaria

S.No.	Genere	N	Media	S.D.	t'test
1	Uomo	120	88.567	12.530	0.615 @
2	Donna	120	89.508	11.134	

@ Indica che non è significativo a livello 0,05

Dalla tabella -4 si evince che il valore calcolato di 't' (0,615) è inferiore al valore critico di 't'

(1,97) per 2 e 238 df a livello di significatività 0,05. Pertanto l'ipotesi -2 è accettata a livello

0,05. Si conclude quindi che il genere non ha un'influenza significativa sull'autoefficacia degli

insegnanti di scuola secondaria. insegnanti di scuola secondaria.

5.2.3 Località

La presente indagine studia la relazione tra l'autoefficacia degli insegnanti di scuola

secondaria e la loro località. In base alla località, gli insegnanti di scuola secondaria sono stati

divisi in due gruppi. Gli insegnanti delle scuole secondarie rurali fanno parte del Gruppo 1 e

il Gruppo 2 fa parte degli insegnanti delle scuole secondarie urbane. L'autoefficacia degli

insegnanti di scuola secondaria dei due gruppi è stata testata in modo significativo mediante

il test di impiego. È stata formulata la seguente ipotesi.

Ipotesi 3

Non ci sarebbe un impatto significativo della "località" sull'autoefficacia degli insegnanti di

scuola secondaria.

L'ipotesi di cui sopra è stata testata impiegando il 'test'. I risultati sono presentati in

Tabella 5.

S.No.	Località	N	Media	S.D.	t; test
1	Rurale	120	83.267	11.529	8.626**
2	Urbano	120	94.808	9.049	

** Indica la significatività a 0,01

Dalla tabella -5 si evince che il valore calcolato di t' (8,626) è inferiore al valore critico di t'

(1,97) per 2 e 238 df a un livello di significatività di 0,01. Pertanto, l'ipotesi -3 è respinta a

livello 0,01. Si conclude quindi che la località non ha un'influenza significativa

sull'autoefficacia degli insegnanti di scuola secondaria.

Figur-5
Diagramma a barre per i mezzi di localizzazione dell'autoefficacia.

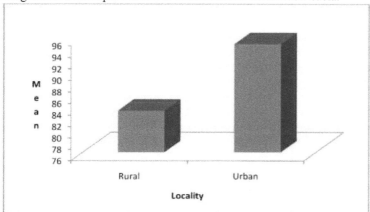

5.2.4 Stato civile

La presente indagine **studia** la relazione tra l'autoefficacia degli insegnanti di scuola

secondaria e il loro stato civile. In base allo stato civile, gli insegnanti di scuola secondaria

sono stati divisi in due gruppi. Gli insegnanti di scuola secondaria sposati fanno parte del

Gruppo 1 e il Gruppo 2 fa parte degli insegnanti di scuola secondaria non sposati.

L'autoefficacia degli insegnanti di scuola secondaria dei due gruppi è stata analizzata di

conseguenza. L'autoefficacia degli insegnanti di scuola secondaria dei due gruppi è stata

testata in modo significativo mediante il test di impiego. È stata formulata la seguente ipotesi.

Ipotesi-4

Lo stato civile non avrebbe un impatto significativo sull'autoefficacia degli insegnanti di

scuola secondaria.

L'ipotesi di cui sopra è stata testata impiegando il test'-test.I risultati sono
presentato **nella Tabella 6**

Tabella 6

Influenza dello stato civile sull'autoefficacia degli insegnanti di scuola secondaria

S.No.	Matrimonio stato	N	Media	S.D.	test "t
1	Sposato	208	90.827	11.310	8.120 **
2	Non sposato	32	77.406	08.231	

** Indica la significatività a livello 0,001

Dalla tabella -6 si evince che il valore calcolato di 't' (8,120) è inferiore al valore critico di 't' (1,97) per 2 e 237 df a livello di significatività 0,01. Quindi l'ipotesi -4 è accettata a livello di 0,05. Si conclude quindi che lo stato civile non ha un'influenza significativa sull'autoefficacia degli insegnanti di scuola secondaria.

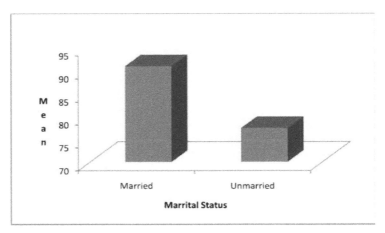

Diagramma a barre per i mezzi di stato civile
5.2.5 Qualifica

La presente indagine studia la relazione tra l'autoefficacia degli insegnanti di scuola secondaria e la loro qualifica. In base al titolo di studio, gli insegnanti di scuola secondaria sono stati suddivisi in tre gruppi. Gli insegnanti di scuola secondaria con titolo di studio P.G. fanno parte **del** Gruppo 1 e del Gruppo 2 con titolo di studio P.G., M.Phil, e del Gruppo 3 con P.G., B.Ed/ M.**Ed**, M.Phil, Ph.D. L'autoefficacia degli insegnanti di scuola secondaria dei tre gruppi è stata analizzata di conseguenza. L'autoefficacia degli insegnanti di scuola secondaria dei tre gruppi è stata testata in modo significativo utilizzando la tecnica ANOVA oneway. È stata formulata la seguente ipotesi.

Ipotesi-5

Non ci sarebbe un impatto significativo della "qualifica" sull'autoefficacia degli insegnanti **di**

scuola **secondaria.**

tecnica. I risultati sono presentati nella **Tabella 7.**

Table-7

Influenza del titolo di studio sull'autoefficacia degli insegnanti di scuola secondaria

S.No.	Qualifica	N	Media	S.D.	test "t
1	Gruppo I	173	90.474	11.280	2.937**
2	GruppoII eIII	67	85.328	12.506	

** Indica la significatività a 0,01

Dalla tabella -7 si evince che il valore calcolato di "F" (2,937) è maggiore del valore critico

di "F" (3,030) per 2 e 237 df a livello di significatività 0,01. Quindi l'ipotesi -5 è respinta a

livello 0,01. Si conclude quindi che il titolo di studio ha un'influenza significativa

sull'autoefficacia degli insegnanti di scuola secondaria.

Il diagramma a barre per i mezzi di qualificazione dell'autoefficacia è riportato in

Figura 5 Diagramma a barre dei mezzi di qualificazione dell'autoefficacia.

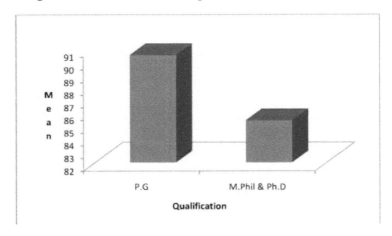

5.2.6 Casta

La presente indagine studia la relazione tra l'autoefficacia degli insegnanti di scuola secondaria e la loro casta. In base alla casta, gli insegnanti di scuola secondaria sono stati suddivisi in tre gruppi. Il gruppo OC degli insegnanti di scuola secondaria rientra nel gruppo 1 e il gruppo 2 nel gruppo BC degli insegnanti di scuola secondaria e il gruppo -3 nel gruppo SC e ST degli insegnanti di scuola secondaria. L'autoefficacia degli insegnanti di scuola secondaria dei tre gruppi è stata analizzata di conseguenza. L'autoefficacia degli insegnanti di scuola secondaria dei tre gruppi è stata testata in modo significativo utilizzando la tecnica ANOVA a una via. È stata formulata la seguente ipotesi.

Ipotesi-6

Non ci sarebbe un impatto significativo della "casta" sull'autoefficacia degli insegnanti di scuola secondaria.

tecnica. I risultati sono presentati nella **Table-8.**

Table-8.
L'influenza di Cast sull'autoefficacia degli insegnanti di scuola secondaria.

S.No.	Casta	N	Media	S.D.	t;test
1	O.C	78	88.808	11.564	0.173 @
2	B.C	124	88.863	11.616	
3	Sc e S.T	38	90.079	13.140	

@ Indica la significatività allo 0,05

Dalla tabella si evince che il valore calcolato di "F" (0,173) è inferiore al valore critico di "F" (3,030) per 2 e 237 df a un livello di significatività di 0,05. Quindi l'ipotesi -6 è respinta a livello 0,05. Si conclude quindi che la casta non ha un'influenza significativa sull'autoefficacia degli insegnanti di scuola secondaria.

Diagramma a barre per i mezzi di Cast degli insegnanti di scuola secondaria di primo grado

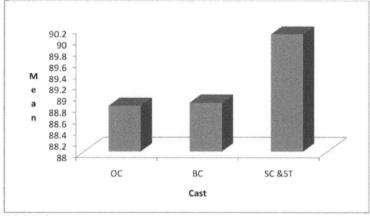

5.2.7 Età

La presente indagine studia la relazione tra l'autoefficacia degli insegnanti di scuola secondaria e la loro età. In base all'età, gli insegnanti di scuola secondaria sono stati suddivisi in tre gruppi. Gli insegnanti di scuola secondaria di età inferiore ai 30 anni fanno parte del Gruppo 1, il Gruppo 2 fa parte degli insegnanti di scuola secondaria di età compresa tra i 31 e i 40 anni e il Gruppo 3 fa parte degli insegnanti di scuola secondaria di età superiore ai 40 anni. L'autoefficacia degli insegnanti di scuola secondaria dei tre gruppi è stata analizzata di conseguenza. L'autoefficacia degli insegnanti di scuola secondaria dei tre gruppi è stata testata in modo significativo utilizzando il test "F". È stata formulata la seguente ipotesi.

Ipotesi-7

Non ci sarebbe un impatto significativo dell'età sull'autoefficacia degli insegnanti di scuola secondaria.

L'ipotesi di cui sopra è stata testata utilizzando il test "F". I risultati sono presentati in
Table-9.

Tabella 9 Influenza dell'età sull'autoefficacia degli insegnanti di scuola secondaria

S.No.	Età	N	Media	S.D.	t;test
1	Gruppo I	32	76.031	10.587	27.022**
2	Gruppo II	142	91.275	10.210	
	Gruppo III	66	90.530	11.749	

** Indica la significatività a 0,01

Dalla tabella -9 si evince che il valore calcolato di "F" (27,022) è superiore al valore critico di "F" (3,030) per 2 e 237 df a livello di significatività 0,01. Quindi l'ipotesi -7 viene respinta a livello 0,01. Si conclude quindi che l'età non ha un'influenza significativa sull'autoefficacia degli insegnanti di scuola secondaria.

Diagramma a barre per le medie di età degli insegnanti di scuola secondaria.

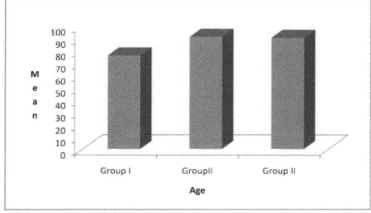

5.2.8 Esperienza di insegnamento

La presente indagine studia la relazione tra l'autoefficacia degli insegnanti di scuola secondaria e la loro **esperienza di** insegnamento. In base all'esperienza di insegnamento, **gli** insegnanti di scuola secondaria sono stati suddivisi in tre gruppi. Gli insegnanti di scuola secondaria la cui **esperienza di** insegnamento è inferiore ai 5 anni fanno parte del Gruppo 1, il Gruppo 2 fa parte degli insegnanti di scuola secondaria la cui esperienza di insegnamento va dai 10 ai 20 anni e il Gruppo 3 fa parte degli insegnanti di scuola secondaria la cui esperienza di insegnamento è superiore ai 15 anni. L'autoefficacia degli insegnanti di scuola secondaria dei tre gruppi è stata analizzata di conseguenza. L'autoefficacia degli insegnanti di scuola secondaria dei tre gruppi è stata **testata in modo** significativo utilizzando il test "F". È stata formulata la seguente ipotesi.

Tabella 10.

Table-10 Influenza dell'esperienza di insegnamento sull'autoefficacia degli insegnanti della scuola secondaria

S.No.	Insegnamento Esperienza	N	Media	S.D.	'f'_Test
1	Gruppo I	96	89.625	11.545	
2	Gruppo II	83	86.518	12.074	3.401*
3	Gruppo III	61	91.541	11.404	

@ Indica che non è significativo a livello 0,05

Dalla tabella -10 si evince che il valore calcolato di "F" (3,401) è superiore al valore critico di "F" (3,030) per 2 e 237 df a livello di significatività 0,05. Pertanto, l'ipotesi -8 viene respinta a livello 0,05. Si conclude quindi che l'esperienza di insegnamento non ha un'influenza significativa sull'autoefficacia degli insegnanti di scuola secondaria.

5.2.9 Reddito annuale

La presente indagine studia la relazione tra l'autoefficacia degli insegnanti di scuola secondaria e il loro reddito annuale. Sulla base del reddito annuo, gli insegnanti di scuola secondaria sono stati suddivisi in tre gruppi. Gli insegnanti di scuola secondaria il cui reddito annuo è inferiore a 30.000 rupie fanno parte del Gruppo 1 e del Gruppo 2 con gli insegnanti di scuola secondaria il cui reddito annuo è compreso tra 51.000 rupie e 1.00.000 rupie e il Gruppo 3 con gli insegnanti di scuola secondaria il cui reddito annuo è superiore a 1.00.000 rupie. L'autoefficacia degli insegnanti di scuola secondaria dei tre gruppi è stata analizzata di conseguenza. L'autoefficacia degli insegnanti di scuola secondaria dei tre gruppi è stata testata in modo significativo utilizzando il test "F". È stata formulata la seguente ipotesi.

Ipotesi-9

Non ci sarebbe un impatto significativo del "reddito annuale" sull'autoefficacia degli insegnanti di scuola secondaria.

L'ipotesi di cui sopra è stata testata utilizzando il test "F". I risultati sono presentati nella

Tabella 11

Tabella 11

Influenza del reddito annuale sull'autoefficacia della scuola secondaria di primo grado insegnanti.

S.No.	Annuale Reddito	N	Media	S.D.	t; test
1	Gruppo I	81	88.728	11.053	0.111 @
2	Gruppo II	140	89.064	12.264	
3	Gruppo III	19	90.158	12.106	

@ indica non significativo al livello 0,05.

Dalla tabella -11 si evince che il valore calcolato di "F" (0,111) è inferiore al valore critico di "F" (4,68) per 2 e 237 df a livello di significatività 0,01. Quindi l'ipotesi -9 è accettata al livello 0,05. Si conclude quindi che il reddito annuale ha un'influenza significativa sull'autoefficacia degli insegnanti di scuola secondaria.

5.2.10 Numero di insegnanti di scuola secondaria

La presente indagine studia la relazione tra l'autoefficacia degli insegnanti di scuola secondaria e il numero di insegnanti di scuola secondaria presenti nella scuola. In base al numero di insegnanti di scuola secondaria presenti nella scuola, gli insegnanti di scuola secondaria sono stati suddivisi in tre gruppi. Il numero di insegnanti di scuola secondaria nella scuola è di cinque, mentre il Gruppo 1 e il Gruppo 2 hanno un numero di insegnanti di scuola secondaria compreso tra sei e dieci e il Gruppo 3 ha un numero di insegnanti di scuola secondaria superiore a dieci. L'autoefficacia degli insegnanti di scuola secondaria dei tre gruppi è stata analizzata di conseguenza. L'autoefficacia degli insegnanti di scuola secondaria dei tre gruppi è stata testata in modo significativo utilizzando il test "F". È stata formulata la seguente ipotesi.

Ipotesi 10

Non ci sarebbe un impatto significativo del "numero di insegnanti di scuola secondaria nella scuola sull'autoefficacia degli insegnanti di scuola secondaria L'ipotesi di cui sopra è stata testata utilizzando il test "F". I risultati sono presentati nella **Tabella 12**

Tabella 12

Influenza del numero di insegnanti della scuola secondaria sull'autoefficacia.

S.No.	Numero di scuole secondarie insegnanti della scuola	N	Media	S.D.	t; test
1	Gruppo I	39	83.231	10.289	6.962 **
2	Gruppo II	106	89.000	12.591	
3	Gruppo III	95	91.463	10.743	

** Indica la significatività a livello 0,01

Dalla tabella -12 si evince che il valore calcolato di "F" (6,962) è superiore al valore critico

di "F" (3,030) per 2 e 237 df a livello di significatività 0,01. Quindi l'ipotesi -10 è respinta a

livello 0,05. Si conclude quindi che il numero di insegnanti di scuola secondaria nel collegio

non ha un'influenza significativa sull'autoefficacia degli insegnanti di scuola secondaria.

Figura 12
Diagramma a barre per le medie di Numero di insegnanti nella scuola

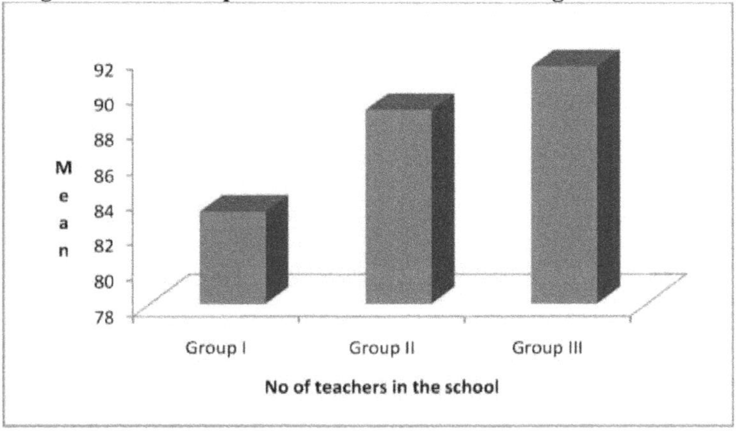

5.2.11 Dimensione della famiglia

La presente indagine studia la relazione tra l'autoefficacia degli insegnanti di scuola

secondaria e la dimensione della loro famiglia. In base alla dimensione della famiglia, gli

insegnanti di scuola **secondaria** sono stati suddivisi in tre gruppi. Il gruppo 1 e il gruppo 2,

con insegnanti di dimensioni inferiori a tre persone, formano il gruppo 3, con insegnanti di dimensioni superiori a quattro persone, e il gruppo 3, con insegnanti di dimensioni superiori

a quattro persone. L'autoefficacia degli insegnanti di scuola secondaria dei tre gruppi è stata

analizzata di conseguenza. L'autoefficacia degli insegnanti di scuola secondaria dei tre gruppi

è stata testata in modo significativo utilizzando il test F. È stata formulata la seguente ipotesi.

Ipotesi-11

Non ci sarebbe un impatto significativo della "dimensione della famiglia" sull'autoefficacia

degli insegnanti di scuola secondaria.

L'ipotesi di cui sopra è stata testata utilizzando il test "F". I risultati sono presentati nella

Tabella 13.

Tabella 13

Influenza della dimensione della famiglia sull'autoefficacia degli insegnanti di scuola

secondaria.

S.No.	Dimensione del famiglia	N	Media	S.D.	t; test
1	Gruppo I	49	91.469	11.066	1.431 @
2	Gruppo II	62	89.065	10.748	
3	Gruppo III	129	88.101	12.515	

@ Indica che non è significativo a livello 0,05

Dalla tabella -13 si evince che il valore calcolato di 'F' (1,431) è inferiore al valore critico di

'F' (3,030) per 2 e 237 df a livello di significatività 0,05. Quindi l'ipotesi -11 è accettata a

livello 0,05. Si conclude quindi che la dimensione della famiglia non ha un'influenza

significativa sull'autoefficacia degli insegnanti di scuola secondaria.

5.2.12 Tipo di famiglia

La presente indagine studia la relazione tra l'autoefficacia degli insegnanti di scuola

secondaria e il loro tipo di famiglia. In base al tipo di famiglia, gli insegnanti di scuola

secondaria sono stati divisi in due gruppi. Le famiglie nucleari degli insegnanti di scuola

secondaria formano il Gruppo-1 e il Gruppo-2 forma la famiglia congiunta degli insegnanti di scuola secondaria. L'autoefficacia degli insegnanti di scuola secondaria dei due gruppi è

stata analizzata di conseguenza. L'autoefficacia degli insegnanti di scuola secondaria dei due

gruppi è stata testata per verificarne la significatività mediante il test "t". È stata formulata la

seguente ipotesi.

Ipotesi-12

Ci sarebbe una speranza della famiglia sull'autoefficacia dei docenti delle scuole medie.

L'ipotesi di cui sopra è stata testata con il test del "t". I risultati sono presentati nella **Tabella**

14.

Tabella 14

Influenza del tipo di famiglia sull'autoefficacia dei docenti universitari.

S.No.	Tipo di famiglia	N	Media	S.D.	t; test
1	Famiglia nucleare	154	87.890	12.537	2.142†
2	Famiglia congiunta	86	91.093	10.229	

*Indica la significatività a livello 0,05

Dalla tabella -14 si evince che il valore calcolato di 't' (2,142) è maggiore del valore critico di

't' (1,97) per 2 e 237 df a livello di significatività 0,05. Pertanto l'ipotesi -12 è accettata a

livello 0,05. Si conclude quindi che il **tipo di** famiglia non ha un'influenza significativa

sull'autoefficacia degli insegnanti.

Figura 14
Diagramma a barre per le medie del tipo di famiglia

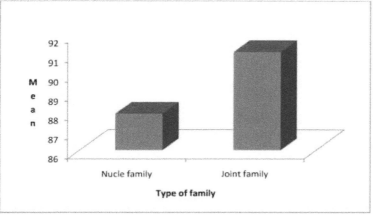

CAPITOLO 6

SINTESI, RISULTATI, CONCLUSIONI,

IMPLICAZIONI DIDATTICHE

, LIMITAZIONI DELLO STUDIO E

SUGGERIMENTI PER ULTERIORI

RICERCA

Il capitolo tratta la sintesi, i risultati, le conclusioni, le implicazioni educative, i suggerimenti per ulteriori ricerche e i limiti dello studio.

6.1.SINTESI

L'autoefficacia è un sistema di credenze che indica la convinzione della persona di portare a termine un compito piuttosto che la capacità effettiva di portare a termine quel particolare compito. Il concetto di autoefficacia è stato proposto da Albert Bandura sulla base della premessa che gli individui creano e sviluppano una percezione di capacità che diventa strumentale agli obiettivi che perseguono e al controllo che esercitano sul loro ambiente. Inoltre Bandhura (1986) ha proposto una visione del funzionamento alimentare umano che pone l'accento sul ruolo delle credenze autoreferenziali.

Nella prospettiva sociocognitiva, gli individui sono visti come produttivi e autoregolati piuttosto che come reattivi e controllati da forze biologiche o ambientali. Anche in questa prospettiva, si ritiene che gli individui possiedano convinzioni personali che consentono loro di esercitare un certo controllo sui propri pensieri, sentimenti e azioni. In definitiva, Bandura ha dipinto un ritratto del comportamento umano e della motivazione in cui le convinzioni che le persone hanno sulle loro capacità possono spesso essere meglio predette dalle convinzioni che hanno sulle loro capacità, che ha chiamato convinzioni di autoefficacia, piuttosto che da ciò che sono effettivamente in grado di realizzare, perché queste autopercezioni aiutano a determinare ciò che gli individui fanno con le conoscenze e le abilità che hanno.

Ha anche detto che l'autoefficacia ha molto in comune con la motivazione alla padronanza e la motivazione intrinseca.

Secondo la teoria cognitiva sociale di Bandura, le convinzioni di autoefficacia influenzano le scelte e le linee d'azione delle persone. Gli individui tendono a impegnarsi in compiti in cui si sentono competenti e sicuri di sé e a evitare quelli in cui non lo sono. Le convinzioni di efficacia contribuiscono anche a determinare l'impegno che le persone dedicheranno a un'attività, la durata della perseveranza di fronte agli ostacoli e la capacità di resistenza di fronte alle situazioni avverse (Suchunk, 1981, Schunk & Cox , 1987). Più alto è il senso di efficacia, maggiore è l'impegno, la persistenza e la resilienza. Le convinzioni di efficacia influenzano la quantità di stress e di ansia che gli individui provano quando si impegnano in un'attività (Pajares & Miller, 1994). Di conseguenza, le convinzioni di autoefficacia esercitano una forte influenza sul livello di realizzazione che gli individui finiscono per raggiungere.

6.1.1 . INTRODUZIONE

Un forte senso di efficacia accresce la realizzazione umana e il coinvolgimento profondo nelle attività, le pone come obiettivi sfidanti e mantiene un forte impegno nei loro confronti, e accresce e sostiene gli sforzi di fronte al fallimento. Recuperano più rapidamente la fiducia in se stessi dopo gli insuccessi o le battute d'arresto e attribuiscono i fallimenti a sforzi insufficienti o a conoscenze e abilità carenti che sono acquisibili. Un'elevata autoefficacia contribuisce a creare sentimenti di serenità nell'affrontare compiti e attività difficili. Al contrario, le persone che dubitano delle proprie capacità possono credere che le cose siano più difficili di quanto non siano in realtà, una convinzione che favorisce. Stress, depressione e una visione ristretta del modo migliore per risolvere un problema. Non sorprende che la fiducia nelle proprie capacità accademiche sia una componente fondamentale del successo universitario.

Al contrario, le persone che dubitano delle proprie capacità si sottraggono a compiti difficili che vedono come minacce personali. Hanno basse aspirazioni e un impegno debole verso gli obiettivi che scelgono di perseguire. Quando si trovano di fronte a compiti difficili, si soffermano sulle loro carenze personali, sugli ostacoli che probabilmente incontreranno e su tutti i tipi di esiti negativi, piuttosto che concentrarsi su come raggiungere le proprie prestazioni, in quanto non è necessario un grande fallimento per perdere la fiducia nelle proprie capacità e cadere facilmente vittima di stress e depressione.

Un insegnante ha un grande impatto sulla qualità dell'apprendimento degli studenti. Gli insegnanti con bassa autoefficacia spesso si perdono nei problemi della classe. Gli insegnanti con bassa autoefficacia non hanno fiducia nella loro capacità di gestire le classi, si stressano e si arrabbiano per la capacità degli studenti di migliorare, hanno una visione custodiale del loro lavoro, spesso fanno riferimento a metodi di disciplina restrittivi e punitivi e dicono che se dovessero rifare tutto da capo non sceglierebbero l'insegnamento come professione (Mebly, 1995). Gli insegnanti con un'elevata autoefficacia sono legati ai buoni risultati dei loro studenti e tendono a considerare gli studenti difficili come raggiungibili e insegnabili. Gli insegnanti con un basso livello di autoefficacia considerano i problemi di apprendimento come superabili e probabilmente affermano che gli studenti con scarse capacità non possono essere trasformati in modo adeguato.

L'autoefficacia è la convinzione di avere il potere di produrre un effetto. L'efficacia dell'insegnante è stata definita come la misura in cui l'insegnante ritiene di avere la capacità di influenzare il rendimento degli studenti.

6.1.2 ESPOSIZIONE DEL PROBLEMA

Il problema preso in esame dal ricercatore è **"UNO STUDIO SULL'AUTOEFFICACIA DEGLI INSEGNANTI DELLA SCUOLA SECONDARIA IN RELAZIONE A FATTORI SPECIFICI"**.

6.1.3 NECESSITÀ DELLO STUDIO

L'efficacia personale dell'insegnante influisce sul suo processo strumentale. Il senso di efficacia dell'insegnante è legato alle sue convinzioni sul controllo degli studenti. Gli insegnanti con un basso senso di efficacia tendono a mantenere un orientamento custodiale che ha una visione pessimistica della motivazione degli studenti, enfatizza il controllo rigido del comportamento in classe e fa leva su incentivi estrinseci e sanzioni negative per far studiare gli studenti (Wool folk e Hoy 1990, wool folk, Rosoff& Hoy 1990). Hoy 1990) Gli insegnanti di scuola secondaria con un'elevata efficacia creano esperienze di padronanza per i loro studenti, mentre quelli di scuola media con una bassa efficacia strumentale minano lo sviluppo cognitivo degli studenti e il loro giudizio sulle proprie capacità (Gibso& Damson 1984, John & Ross miller, 1987). L'efficacia degli insegnanti predice anche il giudizio degli studenti sulle proprie capacità (Gibso& Damson 1984, John & Ross miller, 1987). L'efficacia dell'insegnante predice anche i risultati degli studenti e le loro convinzioni sui risultati ottenuti nelle varie aree e livelli. (Aston &webb, 1986, Midgley, Feldlauger, &Eccles, 1989). È necessario scoprire ulteriori correlati dell'efficacia degli insegnanti e capire come queste convinzioni influenzino le variabili di risultato educativo, come la pratica didattica o le convinzioni e i risultati degli studenti.

In molti studi, il senso di efficacia dei docenti universitari è stato valutato principalmente con due fattori, il senso di efficacia personale nell'insegnamento e il senso di efficacia nell'insegnamento (Ashton e Webb, 1986; Gibson & Dembo, 1984). Il primo si riferisce alla valutazione individuale della propria competenza di insegnante, il secondo si riferisce alle aspettative dei docenti delle scuole medie che l'insegnamento possa influenzare l'apprendimento degli studenti. Guskey e Passaro (1194) hanno riferito che questi due fattori non corrispondono a un orientamento personale contro un orientamento generale all'efficacia dell'insegnamento, ma piuttosto a una distinzione interna contro esterna, simile alle misure di attribuzione del locus-of-control. Se così fosse, sarebbe istruttivo scoprire cosa misurano effettivamente questi due fattori. Inoltre, gli strumenti di efficacia degli insegnanti di solito chiedono agli insegnanti della scuola secondaria di esprimere giudizi di fiducia su questioni disperate come la gestione della classe e l'influenza del background familiare sull'apprendimento degli studenti, per poi confrontare il punteggio composito di questi giudizi con risultati come gli indici di rendimento degli studenti o le diverse pratiche di insegnamento. Se le avvertenze di Bandura (1986) sulla corrispondenza delle credenze sono insensibili al contesto e possono minimizzare l'effettiva influenza delle credenze degli insegnanti della scuola secondaria sulle pratiche didattiche o sui risultati degli studenti. In linea con queste linee guida, i ricercatori in quest'area dovrebbero sforzarsi di valutare le convinzioni degli insegnanti che corrispondono ai criteri di interesse, piuttosto che valutare tali convinzioni con una misura generalizzata e poi fare il collegamento con questa valutazione a pratiche o risultati specifici.

L'obiettivo principale del presente studio era: **"UNO STUDIO SULL'AUTOEFFICACIA DEGLI INSEGNANTI DELLA SCUOLA SECONDARIA IN RELAZIONE A FATTORI SPECIFICI"**.

6.1.4 SCOPO DELLO STUDIO

Lo scopo dello studio è quello di scoprire

1. Se c'è un'influenza significativa dell'età sull'autoefficacia tra le persone che hanno

un'esperienza di vita.

insegnanti della scuola secondaria.

2. Se esiste un'influenza significativa dell'esperienza di insegnamento sull'autoefficacia degli insegnanti di scuola secondaria.

3. Se esiste un'influenza significativa del reddito annuale sull'autoefficacia degli insegnanti di scuola secondaria.

4. Se esiste un'influenza significativa del genere sull'autoefficacia degli insegnanti di scuola secondaria.

5. Se esiste un'influenza significativa del management sull'autoefficacia degli insegnanti di scuola secondaria.

6. Se esiste un'influenza significativa della località sull'autoefficacia degli insegnanti di scuola secondaria.

7. Se esiste un'influenza significativa del titolo di studio sull'autoefficacia degli insegnanti di scuola secondaria.

8. Se esiste un'influenza significativa dello stato civile sull'autoefficacia degli insegnanti di scuola secondaria.

9. Se esiste un'influenza significativa del numero di insegnanti della scuola secondaria sull'autoefficacia degli insegnanti della scuola secondaria.

10. Se esiste un'influenza significativa della dimensione della famiglia sull'autoefficacia degli insegnanti di scuola secondaria.

11. Se esiste un'influenza significativa del tipo di famiglia sull'autoefficacia degli insegnanti di scuola secondaria.

12. Se esiste un'influenza significativa della casta sull'autoefficacia degli insegnanti di scuola secondaria.

6.1.5 AMBITO DELLO STUDIO

L'intento principale dello studio è quello di trovare la relazione dell'autoefficacia tra gli insegnanti di scuola secondaria con l'età, l'esperienza di insegnamento, il reddito annuale, il sesso, la direzione, la località, le qualifiche, lo stato civile, il numero di insegnanti di scuola secondaria nel collegio, la dimensione della famiglia, la casta e il tipo di famiglia.

6.1.6 OBIETTIVI DELLO STUDIO

Gli obiettivi principali del presente studio sono i seguenti.

1. Conoscere l'autoefficacia degli insegnanti della scuola secondaria.

2. Studiare l'influenza dell'età sull'autoefficacia degli insegnanti di scuola secondaria.

3. Studiare l'influenza dell'esperienza didattica sull'autoefficacia degli insegnanti di scuola secondaria.

4. Studiare l'influenza del reddito annuale sull'autoefficacia degli insegnanti di scuola secondaria.

5. Studiare l'influenza del genere sull'autoefficacia degli insegnanti di scuola secondaria.

6. Studiare l'influenza del management sull'autoefficacia degli insegnanti di scuola secondaria.

7. Studiare l'influenza della località sull'autoefficacia degli insegnanti di scuola secondaria.

8. Studiare l'influenza del titolo di studio sull'autoefficacia degli insegnanti di scuola secondaria.

9. Studiare l'influenza dello stato civile sull'autoefficacia degli insegnanti di scuola secondaria.

10. Studiare l'influenza della casta sull'autoefficacia degli insegnanti di scuola secondaria.

11. Studiare l'influenza del numero di insegnanti di scuola secondaria nel collegio sull'autoefficacia degli insegnanti di scuola secondaria.

12. Studiare l'influenza della dimensione della famiglia sull'autoefficacia degli insegnanti di scuola secondaria.

13. Studiare l'influenza del tipo di famiglia sull'autoefficacia degli insegnanti di scuola secondaria.

6.1.7 IPOTESI DI STUDIO

Sulla base dei suddetti obiettivi, vengono formulate le seguenti ipotesi.

1. Tutti gli insegnanti della scuola secondaria non hanno la stessa autoefficacia.

2. Non ci sarebbe un'influenza significativa dell'età sull'autoefficacia degli insegnanti di scuola secondaria.

3. L'esperienza di insegnamento non avrebbe un'influenza significativa sull'autoefficacia degli insegnanti di scuola secondaria.

4. Non ci sarebbe un'influenza significativa del reddito annuale sull'autoefficacia degli insegnanti di scuola secondaria.

5. Non ci sarebbe un'influenza significativa del genere sull'autoefficacia degli insegnanti di scuola secondaria.

6. Non ci sarebbe un'influenza significativa del management sull'autoefficacia degli insegnanti di scuola secondaria.

7. Non ci sarebbe un'influenza significativa della località sull'autoefficacia degli insegnanti di scuola secondaria.

8. Non ci sarebbe un'influenza significativa della casta sull'autoefficacia degli insegnanti di scuola secondaria.

9. Non ci sarebbe un'influenza significativa del titolo di studio sull'autoefficacia degli insegnanti di scuola secondaria.

10. Non ci sarebbe un'influenza significativa dello stato civile degli insegnanti di scuola

secondaria.

11. Non ci sarebbe un'influenza significativa del numero di insegnanti di scuola secondaria nella scuola sull'autoefficacia degli insegnanti di scuola secondaria.

12. Non ci sarebbe un'influenza significativa della dimensione della famiglia sull'autoefficacia degli insegnanti di scuola secondaria.

13. Non ci sarebbe un'influenza significativa del tipo di famiglia sull'autoefficacia degli insegnanti di scuola secondaria.

6.1.8 VARIABILI STUDIATE
In questo studio sono state prese in considerazione le seguenti variabili

Variabili indipendenti

Età, esperienza di insegnamento, reddito annuo, sesso, direzione, località, titolo di studio, stato civile, numero di insegnanti di scuola secondaria nel collegio, dimensione della famiglia, casta e tipo di famiglia.

Variabile dipendente

Autoefficacia.

6.1.9 STRUMENTI UTILIZZATI

Nello studio sono stati utilizzati i seguenti strumenti

1.   Questionario sull'autoefficacia

2.   Scala socio-demografica

6.1.10 CAMPIONE SELEZIONATO

Il campione dell'indagine era costituito da 240 insegnanti di scuola secondaria del distretto di Chittoor. Il campionamento casuale stratificato è stato applicato in tre fasi. Il primo stadio è quello della gestione, ossia governativa e privata, il secondo quello della località, ossia rurale e urbana, e il terzo quello del genere, ossia maschile e femminile. Si tratta di un disegno fattoriale 2x2x2 con 240 soggetti campione.

6.1.11 RACCOLTA DEI DATI

Il ricercatore ha visitato personalmente le scuole con l'autorizzazione del preside. Ai fini dell'indagine sono stati presi in considerazione gli insegnanti di scuola secondaria che hanno frequentato la scuola il giorno della raccolta dei dati. Agli insegnanti della scuola secondaria sono state fornite le istruzioni necessarie

sugli strumenti e motivati a rispondere sinceramente a tutti gli item. Sono stati somministrati il questionario di autoefficacia e la scheda personale.
I dati relativi a ciascuna variabile dell'indagine sono stati opportunamente codificati per poter essere analizzati al computer.
L'analisi è stata condotta sulla base degli obiettivi dell'indagine e delle ipotesi formulate utilizzando tecniche statistiche appropriate.

È stata preparata una tabella di distribuzione delle frequenze per il campione totale. Laddove necessario, sono state calcolate le misure di tendenza centrale, le misure di dispersione, l'asimmetria, la curtosi e l'errore standard della media. Per testare le diverse ipotesi sono state utilizzate tecniche statistiche inferenziali come il test "t" (rapporto critico) e il test "f". I risultati numerici ottenuti sono illustrati da rappresentazioni grafiche. Il ricercatore ha considerato le rappresentazioni grafiche.

Per le formule statistiche si è fatto riferimento ai seguenti libri:

> "Metodi statistici per i ricercatori", di Fisher (1950).

> "Fundamental Statisticin   Psychology and Education", di Guilford (1950).

> "Statistic inEducationandPsychology   ", di Yate (1965).

> "Statistica in educazione e psicologia   ", di Garett (1973).

> "Statistica in educazione e psicologia   ", di Mangal (2002)

Di seguito sono riportati i livelli significativi utilizzati con i rispettivi simboli:

**Indica la   significatività a livello 0,01.

*Indica la   significatività a livello 0,05

@ Indica che non è significativo a livello 0,05.

6.2 PRINCIPALI RISULTATI DELLO STUDIO
Il trattamento statistico dei dati rivela i seguenti risultati principali dello studio

6.2.1 DISTRIBUZIONE DI FREQUENZA DEI PUNTEGGI DI AUTOEFFICACIA DEGLI INSEGNANTI DI SCUOLA SECONDARIA.

1.La media dei punteggi di autoefficacia è 89,04, la mediana è 90,00 e la modalità è 93,00.

Lo scarto tra media, mediana e modalità è trascurabile. Pertanto, la distribuzione è molto vicina alla distribuzione normale. I valori di skewness e kurtosis sono rispettivamente -0,15 e 0,45. Pertanto, la distribuzione di frequenza dei punteggi di autoefficacia per l'intero gruppo è leggermente inclinata in senso negativo e con curto

6.2.2 .VARIABILI SOCIO-DEMOGRAFICHE

2. L'influenza del management è significativa a livello di 0,01 sull'autoefficacia degli insegnanti di scuola secondaria.

3. L'influenza del genere è significativa a livello di 0,05 sull'autoefficacia degli insegnanti di scuola secondaria.

4. L'influenza della casta è significativa al livello 0,05 sull'autoefficacia degli insegnanti di scuola secondaria.

5. L'influenza dell'età è significativa al livello 0,05 sull'autoefficacia degli insegnanti di scuola secondaria.

6. L'esperienza di insegnamento ha un'influenza significativa a livello di 0,05 sull'autoefficacia degli insegnanti di scuola secondaria.

7. L'influenza del tipo di famiglia è significativa al livello 0,05 sull'autoefficacia degli insegnanti di scuola secondaria.

6.3 CONCLUSIONI
Alla luce dei risultati presentati nelle pagine precedenti, si traggono le seguenti conclusioni.

1.   La distribuzione di frequenza dell'autoefficacia degli insegnanti di scuola secondaria si avvicina molto alla distribuzione normale.

2.   Tutti gli insegnanti della scuola secondaria non hanno la stessa autoefficacia

3.   Il management ha un'influenza significativa sull'autoefficacia degli insegnanti di scuola secondaria.

4.   Il genere ha un'influenza significativa sull'autoefficacia degli insegnanti di scuola secondaria.

5.   La casta ha un'influenza significativa sull'autoefficacia degli insegnanti di scuola secondaria.

6.   L'età ha un'influenza significativa sull'autoefficacia degli insegnanti di scuola secondaria.

7.   L'esperienza di insegnamento ha un'influenza significativa sull'autoefficacia dei docenti.

8.   Il tipo di famiglia ha un'influenza significativa sull'autoefficacia degli insegnanti di scuola secondaria.

6.4 IMPLICAZIONI EDUCATIVE

I risultati della presente ricerca hanno sollevato alcune importanti questioni relative ai bisogni educativi degli studenti, con particolare riferimento alla loro autoefficacia.

1. La dirigenza ha una forte influenza sull'autoefficacia degli insegnanti di scuola secondaria. Gli insegnanti delle scuole secondarie private hanno una maggiore autoefficacia rispetto agli insegnanti delle scuole secondarie statali. Gli amministratori devono fornire migliori servizi agli insegnanti della scuola secondaria pubblica.

2. Il genere è fortemente influenzato dall'autoefficacia degli insegnanti di scuola secondaria. Le insegnanti di scuola secondaria di sesso femminile hanno una maggiore autoefficacia

rispetto agli insegnanti di scuola secondaria di sesso maschile. Gli amministratori devono fornire servizi migliori agli insegnanti maschi.

3. La casta è altamente influenzata dall'autoefficacia degli insegnanti di scuola secondaria Gli insegnanti di scuola secondaria SC e ST hanno un'autoefficacia maggiore rispetto agli insegnanti di scuola secondaria degli altri gruppi di casta. Gli amministratori devono fornire servizi migliori agli insegnanti di scuola secondaria delle altre caste.

5 L'età è fortemente influenzata dall'autoefficacia degli insegnanti di scuola secondaria. Gli insegnanti del II gruppo della scuola secondaria hanno una maggiore autoefficacia rispetto a quelli delle altre fasce d'età. Gli amministratori devono fornire servizi migliori agli insegnanti delle altre fasce d'età.

6 L'esperienza di insegnamento è altamente influenzata dall'autoefficacia degli insegnanti di scuola secondaria. Gli insegnanti con un'esperienza elevata hanno una maggiore autoefficacia tra gli insegnanti della scuola secondaria rispetto a quelli con un'esperienza ridotta. 7.Il tipo di famiglia è altamente influenzato dall'autoefficacia degli insegnanti di scuola secondaria con famiglia mista, che hanno più autoefficacia degli insegnanti di scuola secondaria con famiglia nucleare.

1.   Inoltre, gli amministratori dovrebbero cercare di creare una vita migliore tra gli insegnanti della scuola secondaria.

6.5   LIMITI DELLO STUDIO

Il presente studio presenta i seguenti limiti.

1.   Lo studio è limitato agli insegnanti di scuola secondaria del distretto di Chittoor.

2.   Lo studio è limitato a un campione di 240 insegnanti di scuola secondaria.

3.   Lo studio è limitato solo al livello universitario.

4.   Questo studio è limitato alle sole variabili socio-demografiche: età, esperienza di

insegnamento, reddito annuo, sesso, direzione, località, titolo di studio, stato civile, numero

di insegnanti di scuola secondaria nel college, dimensione della famiglia, casta e tipo di

famiglia.

6.6   SUGGERIMENTI PER ULTERIORI RICERCHE

Per la ricerca sono stati presi in considerazione i seguenti suggerimenti

1.   I soggetti provenienti da altre scuole di formazione possono effettuare uno studio

simile.

2.   Lo studio può essere intrapreso per coprire le altre fasce d'età.

3.   Molti fattori psicologici come l'autostima, il concetto di sé, la religiosità, le abitudini

di studio, la maturità emotiva e lo sviluppo cognitivo e così via possono essere esaminati per

i loro effetti sull'autoefficacia degli insegnanti della scuola secondaria.

4.   Il presente studio si limita a 240 insegnanti di scuola secondaria. Si suggerisce ai

futuri ricercatori di intraprendere studi con un campione più ampio.

5.   L'autoefficacia degli insegnanti di scuola secondaria residenziale e non residenziale

può essere studiata autoefficacia insegnanti di scuola secondaria

6.   È possibile condurre un'indagine su questo studio in altri distretti e in altri Stati.

7.   In questo studio, adottiamo anche un numero maggiore di dichiarazioni.

8.   Lo studio può essere condotto sugli insegnanti della scuola secondaria in relazione al

loro stile di lavoro e alle caratteristiche della loro personalità.

9.   Un'indagine può essere condotta su un ampio campione appartenente a diversi Stati del

nostro Paese.

BIBLIOGRAFIA

Aggarwal, J.C. (1983) Metodologia della ricerca educativa - Un'introduzione Nuova Delhi -

Arya Book depot.

Ashton, P.T., & Webb, R.B., (1986) Making a difference - Teachers' sense of efficacy and

student achievement, New York- Longman.

Bandura, A. (1983). Determinanti di autoefficacia delle paure e delle calamità previste.

Journal of personality arid social psychology, P. 45,464-469.

Bandura, A. (1986) Social Foundations of thought and action : A social cognitive theory.

Englewood cliffs, NJ- Prentice - Hall.

Bandura, A. (1997) Autoefficacia: L'esercizio del controllo. New York- Freeman.

Best, J.W. (2006). Research in Education/Prentice Hall of Indian Pvt. Ltd., New Delhi.

Buffered -Bouchard, T. (1990). Influenza dell'autoefficacia sull'autoregolazione e sul

rendimento degli studenti delle scuole medie e superiori. International journal of Behavioural

Development, pag. 14, 153-164.

Collin, J.L. (1982). Self Efficacy and ability in achievement behaviour paper presentato al

meeting dell'American Educational research Association, New York.

Garrat, H.E. (1999). Statistica in psicologia e istruzione. Nuova Delhi - Pargon International

publication.

Gibson, S. e Dembo, M. (1984). Efficacia dell'insegnante: A convalida del costrutto, Journal

of Educationla Pyschology, P. 76,569-582.

Hackett, G. e Betz, N.E. (1989). Un'esplorazione dell'Autoefficacia matematica / Prestazioni

matematiche - Corrispondenza, P, 20,261-273.

Midgley, c, Feldiaufer, H. e Ecclers, J.S. (1989). Cambiamenti nell'efficacia dell'insegnante

e nelle convinzioni degli studenti relative al sé e al compito in matematica durante il passaggio

alla scuola media", Journal of Educational Psychology, pag. 81, 247-258.

Pajares, F, & Miller, M.D. (1994). Il ruolo dell'autoefficacia e dell'abilità mentale generale nella risoluzione di problemi matematici; Psicologia educativa contemporanea. New York: Freeman.

Pajares, f, & Johnson, M.J. (1996). Le convinzioni di autoefficacia nella scrittura degli studenti delle scuole superiori - Un'analisi del percorso, New York - Longman.

Pajares, F., & Miller, M.D, (1994). Il ruolo dell'autoefficacia e delle convinzioni sul concetto di sé in matematica Journal of Educational Psychology.

Pintrich, P.R., & De grout, E.V. (1990). Componenti motivazionali e di autoregolazione dell'apprendimento del rendimento scolastico in classe, Journal of Educational Psychology, P 82, 33-40.

Purushotham, K. (2012): "A study of self efficacy among teachers in relation to specific factors", Dissertazione di M.Ed., Università S.V., Tirupati.

Printrich, P.R, & Schunk, D.H. (1995) Motivation in Education theory, research and application. Englewood cliffs, N.J. Pentrice - Hall.

Ravi Babu (2010), "Impact of self- efficacy among high school teachers in Chittoor district", tesi di laurea in Edilizia, Università S.V., Tirupati.

Relich, J.D., Debus, R.L. & Walker, R. (1986). Il ruolo di mediazione delle variabili di attribuzione e di autoefficacia per gli effetti del trattamento sui risultati - Psicologia educativa contemporanea. P.11, 195-216.

Schunk, D.H, (1981). Effetti di modellazione e attribuzione sui risultati dei bambini: Un'analisi di autoefficacia Journal of Educational Psychology, p, 77,313 -322.

Schunk, D.H. e Hanson, A.R., (1991). I modelli dei pari: influenza sull'autoefficacia e sui risultati dei bambini, Journal of Educational Psychology, P, 77, 313-322.

Schunk, D.H. (1991). Autoefficacia e comportamento di realizzazione - Psicologo dell'educazione, P 26, 207-213.

Suryawanshi D.A, (2007). Autorealizzazione, ricerca e riflessione sull'educazione Journal.

Tschamen - Moran, M., Woofolk Hay, A. & Hay, W.K. (1998) Teacher Efficacy its meaning and measure. Review of Educational Research, P. 68, 202-248, 1998.

Prasanthi Vempalli (2013): "A study of self efficacy among Junior College Lecturers", M.Ed, dissertation, S.V.University, Tirupati.

Woolfolk, A., & Hoy, W.K. (1990) Il senso di efficacia e le convinzioni sul controllo dei futuri insegnanti, Journal of Educational Psychology,

Woolfolk, A.E., Rosoff, B., & Hay, W.K. (1990). Il senso di efficacia degli insegnanti e le loro convinzioni sulla gestione degli studenti. Insegnamento e formazione degli insegnanti, pag. 6, 137-148.

www. Coe. Ohio - state, edu/ ahoy/ strumenti di ricerca, www. Des. Emory. Edu/mfp / pajares shunk 2001. www. Des. Emory! Edu/mfp/ autoefficacia.

QUESTIONARIO

1. Quanto si può fare per riuscire a convincere gli studenti più difficili?

2. Quanto potete fare per aiutare i vostri studenti a pensare in modo critico?

3. Quanto si può fare per controllare i comportamenti di disturbo in classe?

4. Quanto si può fare per motivare gli studenti che mostrano scarso interesse per il lavoro scolastico?

5. In che modo potete rendere chiare le vostre aspettative sul comportamento degli studenti?

6. Quanto si può fare per convincere gli studenti a credere di poter fare bene il proprio lavoro scolastico?

7. Quanto siete in grado di rispondere alle domande difficili dei vostri studenti?

8. Quanto siete in grado di stabilire delle routine per mantenere le attività senza intoppi?

9. Quanto potete fare per aiutare i vostri studenti a valorizzare l'apprendimento?

10. Quanto potete valutare la comprensione da parte degli studenti di ciò che avete insegnato?

11. In che misura siete in grado di creare buone domande per i vostri studenti?

12. Quanto siete in grado di promuovere la creatività degli studenti?

13. Quanto siete in grado di far rispettare ai bambini le regole della classe?

14. Quanto si può fare per migliorare la comprensione di uno studente che sta fallendo?

15. Quanto siete in grado di calmare uno studente che disturba o è rumoroso?

16. Quanto siete in grado di stabilire un sistema di gestione dell'aula con ogni gruppo di studenti?

17. Quanto si può fare per adattare la lesione al livello adeguato per i singoli studenti?

18. Quanto è possibile utilizzare una varietà di strategie di valutazione?

19. Come si può evitare che pochi studenti problematici gestiscano un'intera lezione?

20. In che misura siete in grado di fornire una spiegazione alternativa, ad esempio quando gli studenti sono confusi?

21. Quanto siete in grado di reagire agli studenti provocatori?

22. Quanto potete aiutare le famiglie ad aiutare i loro figli ad andare bene a scuola?

23. Quanto siete in grado di implementare strategie alternative nella vostra classe?

24. Quanto siete in grado di fornire sfide adeguate a studenti molto capaci?

SCHEDA DI RISPOSTA

Domanda. NO	N	VL	SI	QB	GD
1	( )	( )	( )	( )	( )
2	( )	( )	( )	( )	( )
3	( )	( )	( )	( )	( )
4	( )	( )	( )	( )	( )
5	( )	( )	( )	( )	( )
6	( )	( )	( )	( )	( )
7	( )	( )	( )	( )	( )
8	( )	( )	( )	( )	( )
9	( )	( )	( )	( )	( )
10	( )	( )	( )	( )	( )
11	( )	( )	( )	( )	( )
12	( )	( )	( )	( )	( )
13	( )	( )	( )	( )	( )
14	( )	( )	( )	( )	( )
15	( )	( )	( )	( )	( )
16	( )	( )	( )	( )	( )
17	( )	( )	( )	( )	( )
18	( )	( )	( )	( )	( )
19	( )	( )	( )	( )	( )
20	( )	( )	( )	( )	( )
21	( )	( )	( )	( )	( )
22	( )	( )	( )	( )	( )
23	( )	( )	( )	( )	( )
24	( )	( )	( )	( )	( )

P. Lakshmi Narasimha Reddy

Uno studio sull'autoefficacia degli insegnanti della scuola secondaria